四川省哲学社会科学"十四五"规划重点研究基地重大项目

成渝地区双城经济圈体育产业空间特征及协调发展对策研究

郭新艳◎著

人民体育出版社

图书在版编目（CIP）数据

成渝地区双城经济圈体育产业空间特征及协调发展对策研究 / 郭新艳著. —— 北京：人民体育出版社，2024

ISBN 978-7-5009-6438-4

Ⅰ.①成… Ⅱ.①郭… Ⅲ.①体育产业-产业发展-研究-成都、重庆 Ⅳ.①G812.771

中国国家版本馆 CIP 数据核字（2024）第 064120 号

*

人民体育出版社出版发行
北京中科印刷有限公司印刷
新华书店经销

*

710×1000　16 开本　12.5 印张　219 千字
2024 年 12 月第 1 版　2024 年 12 月第 1 次印刷

*

ISBN 978-7-5009-6438-4
定价：75.00 元

社址：北京市东城区体育馆路 8 号（天坛公园东门）
电话：67151482（发行部）　　邮编：100061
传真：67151483　　　　　　　邮购：67118491
网址：www.psphpress.com

（购买本社图书，如遇有缺损页可与邮购部联系）

前　言

推进成渝地区双城经济圈建设是以习近平同志为核心的党中央作出的重大战略部署。进一步加强成渝地区产业协作和协同创新是带动西部地区高质量发展的重要动力源。本研究采用文献资料法、逻辑演绎法、调查法、专家访谈法、数学建模方法等，对成渝地区双城经济圈体育产业的空间分布特征进行探究，针对其发展困境提出体育产业协同发展的相关对策与建议。本研究深入贯彻落实《体育强国建设纲要》中提到的"到2035年……体育产业更大、更活、更优，成为国民经济支柱性产业"的重要战略，基于优化成渝地区体育产业空间的整体布局、完善整体功能体系、提升整体发展能级、加快构建"双核驱动、双圈引领、一轴支撑、八城支点、两翼协同、辐射全域"的区域体育产业发展新格局背景，侧重探索区域体育一体化发展的路径模式，解决区域体育产业发展不平衡和不充分的问题。

本研究引入修正引力模型，在数据分析的基础上，总结出成渝地区双城经济圈体育产业关联强度的主要特征：城市间体育产业强国建设关联强度等级特征显著且逐年增强；体育产业联系强度呈现距离衰减的规律等。同时，采用UCINET 6.199软件与社会网络分析法，对成渝地区体育产业空间结构特征展开分析。研究结果表明，成渝地区双城经济圈体育产业的空间结构具有以下特征：呈现以成都、重庆为双核心的网络空间结构；空间关联和溢出效应显著但等级结构较高；成都、重庆是空间网络的中心，其他城市靠近边缘；区域体育产业发展动力源不足。

为充分发挥成渝地区双城经济圈的潜力，基于成渝地区双城经济圈体育产业空间分布特征、区域协同的主要内涵和成渝地区双城经济圈协同发展的困境，本研究指出区域体育产业协同发展的主要机制分为动力机制和保障机制，动力机制的具体路径为各行政区域追求自身利益最大化、促进区域间的文化认同；保障机制的具体路径为建立信息传导机制、组织协调机制与利益保障机制。

在研究分析结果基础上，本研究提出如下针对性措施：宏观布局，推动体育产业深度协同发展；借助各地区资源优势发展动能，增强体育产业协同动力；落实监督机制，为体育产业协调发展作出制度保障。具体表现为如下几点：①加强政策引导，制定并落实相关措施，鼓励成渝地区各地加强合作，实现成渝地区体育产业的区域协调发展；②建设产业聚集区，优化产业布局，形成完整的产业链，成渝地区各地应根据自身资源禀赋和行业特点，合理规划产业布局，避免重复建设和资源浪费，形成良好的产业格局；③推进科技创新，加快体育产业的智能化和数字化发展，增强市场竞争力，应加大科技投入，推动科技成果转化，提高企业技术水平，提升成渝地区体育产业的创新能力；④加强人才培养和引进，为成渝地区体育产业的发展提供有力的人才保障，促进人才流动，为成渝地区体育产业提供人才支持，实现资源共享和优化配置；⑤加强合作共赢，成渝地区各地应加强企业之间的合作，推动资源互补和产业联动，形成合力，促进成渝地区体育产业的发展，提高产业的整体实力和竞争力；⑥推动资源共享，成渝地区各地应该加强资源整合，形成协作机制，建立公共资源共享平台，加强信息共享，促进成渝地区体育产业的发展。此外，成渝地区各地也应建设成渝地区体育产业支撑服务平台，提供专业的产业服务和技术支持，为体育企业提供便利和帮助。

目 录

1 绪论 ··· 1

　1.1 研究背景 ·· 1

　1.2 研究问题、目的与意义 ··· 2

　　1.2.1 研究问题 ··· 2

　　1.2.2 研究目的 ··· 3

　　1.2.3 研究意义 ··· 4

　1.3 研究思路与方法 ··· 5

　　1.3.1 研究思路 ··· 5

　　1.3.2 研究方法 ··· 6

2 相关概念及理论基础 ·· 10

　2.1 基本概念 ·· 10

　　2.1.1 成渝地区双城经济圈 ··· 10

　　2.1.2 体育产业 ··· 13

　　2.1.3 产业协调发展 ··· 14

　　2.1.4 产业空间分布 ··· 14

　2.2 相关理论基础 ·· 14

　　2.2.1 产业区位理论 ··· 14

　　2.2.2 产业创新理论 ··· 15

　　2.2.3 区域协同理论 ··· 16

　　2.2.4 社会网络理论 ··· 17

　　2.2.5 产业集群理论 ··· 17

3 文献综述 ·· 19

3.1 文献资料的来源与概要介绍 ·· 19
3.1.1 文献资料的选择依据 ·· 19
3.1.2 文献资料的获取途径 ·· 19
3.1.3 文献资料的利用方式 ·· 20
3.1.4 国外代表性文献的概要介绍 ·· 20
3.1.5 国内代表性文献的概要介绍 ·· 21

3.2 国内外区域产业协调发展研究及文献评述 ································ 23
3.2.1 国外区域产业协调发展研究 ·· 23
3.2.2 国内区域产业协调发展研究 ·· 27
3.2.3 国内外文献评述 ·· 33

3.3 国内外产业空间分布研究及文献评述 ······································ 33
3.3.1 国外产业空间分布研究 ·· 33
3.3.2 国内产业空间分布研究 ·· 37
3.3.3 国内外文献评述 ·· 42

4 成渝地区双城经济圈体育产业发展现状 ··· 44

4.1 成渝地区双城经济圈概述 ··· 44
4.1.1 概念的提出 ··· 44
4.1.2 区域的划分 ··· 45

4.2 成渝地区双城经济圈体育产业在区域经济发展中的地位和作用 ········ 47
4.2.1 促进西部地区的经济发展 ··· 47
4.2.2 促进体育产业高质量发展 ··· 48
4.2.3 增加成渝地区的就业机会 ··· 49
4.2.4 有效带动相关产业的发展 ··· 51

4.3 成渝地区双城经济圈体育产业的发展趋势与特点 ························ 53
4.3.1 成渝地区双城经济圈体育产业规模持续扩大 ························· 53
4.3.2 成渝地区双城经济圈体育产业结构持续优化 ························· 58

  4.3.3　成渝地区双城经济圈体育消费水平不断提升 ················ 60
  4.3.4　成渝地区双城经济圈体育产生协同发展持续向好 ············ 61
 4.4　成渝地区双城经济圈体育产业发展困境 ·························· 63
  4.4.1　成渝地区双城经济圈体育产业区域发展不均衡 ·············· 63
  4.4.2　成渝地区双城经济圈体育产业结构不均衡 ·················· 64
  4.4.3　成渝地区双城经济圈体育赛事品牌不突出 ·················· 66
  4.4.4　成渝地区双城经济圈体育产业协同发展深度不足 ············ 67

5　成渝地区双城经济圈体育产业空间分布特征研究 ···················· 70

 5.1　成渝地区双城经济圈体育产业关联强度分析 ······················ 70
  5.1.1　城市间体育产业关联强度等级特征显著 ···················· 70
  5.1.2　城市间体育产业关联强度逐年增强 ························ 76
  5.1.3　体育产业关联强度呈现距离衰减规律 ······················ 76
 5.2　成渝地区双城经济圈体育产业空间结构特征分析 ·················· 76
  5.2.1　呈现以成都、重庆为双核心的网络空间结构 ················ 76
  5.2.2　空间关联和溢出效应显著但等级结构较高 ·················· 79
  5.2.3　中心行动者与边缘行动者角色区分度明显 ·················· 80
  5.2.4　区域体育产业发展动力源不足 ···························· 85
  5.2.5　川渝体育产业集聚水平分析 ······························ 88

6　成渝地区双城经济圈体育产业分布的影响因素研究 ·················· 90

 6.1　框架构建 ·· 90
 6.2　变量选取 ·· 91
  6.2.1　变量选取原则 ·· 91
  6.2.2　变量选取依据 ·· 91
  6.2.3　变量选取流程 ·· 98
 6.3　影响因素初筛 ·· 100
  6.3.1　第一轮专家筛选结果与分析 ······························ 100
  6.3.2　第二轮专家筛选结果与分析 ······························ 104

6.4 影响因素确立 ·· 107
6.4.1 问卷调查说明 ·· 107
6.4.2 影响因素释义 ·· 112

7 成渝地区双城经济圈体育产业协同发展机制 ······························ 116
7.1 成渝地区双城经济圈体育产业协同发展困境探因 ················ 116
7.1.1 成渝地区双城经济圈协同发展的困境 ···················· 116
7.1.2 成渝地区双城经济圈体育产业协同发展面临困境的原因 ·· 119
7.2 构建成渝地区双城经济圈体育产业协同发展机制的目标 ········ 122
7.2.1 优化成渝地区双城经济圈体育产业空间布局 ············ 122
7.2.2 增强体育产业协同效应 ······································ 123
7.2.3 加强体育产业创新驱动 ······································ 124
7.3 成渝地区双城经济圈体育产业协同发展机制框架模型的提出 ·· 126
7.4 成渝地区双城经济圈体育产业协同发展机制的阐释 ············· 127
7.4.1 区域体育产业协同发展的动力机制 ······················· 127
7.4.2 区域体育产业协同发展的保障机制 ······················· 129

8 成渝地区双城经济圈体育产业协调发展对策 ······························ 132
8.1 成渝地区双城经济圈体育产业协调发展动力保障对策 ·········· 132
8.1.1 实施政策引导机制 ·· 132
8.1.2 促进科技创新机制 ·· 133
8.1.3 推动产业引领机制 ·· 133
8.1.4 优化资源整合机制 ·· 137
8.2 成渝地区双城经济圈体育产业协调发展人才流动对策 ·········· 139
8.2.1 完善区域内人才流动机制 ··································· 139
8.2.2 建立人才引进机制 ·· 140
8.2.3 建立人才流失预防机制 ······································ 140
8.2.4 创新人才培育机制 ·· 141

8.3 成渝地区双城经济圈体育产业协调发展信息共享对策 ……………… 142
 8.3.1 构建多层次、多渠道的信息共享平台 ………………………… 142
 8.3.2 建立科学化、系统化的信息管理制度 ………………………… 143
8.4 成渝地区双城经济圈体育产业协调发展组织协调对策 ……………… 145
 8.4.1 加强组织协调工作 ……………………………………………… 145
 8.4.2 强化组织监督合力 ……………………………………………… 146
 8.4.3 推动组织工作标准化 …………………………………………… 146

参考文献 …………………………………………………………………… 148

附录　相关资料 …………………………………………………………… 153
 附录1 ………………………………………………………………… 153
 附录2 ………………………………………………………………… 154
 附录3 ………………………………………………………………… 156
 附录4 ………………………………………………………………… 158
 附录5 ………………………………………………………………… 160

后记 ………………………………………………………………………… 190

1 绪 论

本部分围绕成渝地区双城经济圈体育产业空间特征及协调发展的研究背景，研究问题、目的与意义，研究思路与方法逐一展开论述，为后续的研究提供指导性意义。

1.1 研究背景

党的二十大报告中提出，"深入实施区域协调发展战略、区域重大战略、主体功能区战略、新型城镇化战略，优化重大生产力布局，构建优势互补、高质量发展的区域经济布局和国土空间体系"。成渝地区作为区域高质量发展的重要增长极，地处中国西部，在地理位置上承东启西、连接南北；在人文联系上同属巴蜀文化，具有区域协调发展的地理人文优势。成渝地区的发展一直受到国家重视，在2016年国务院印发的《成渝城市群发展规划》中将其纳入国家规划中。2020年，习近平总书记在中央财经委员会第六次会议上强调，要推动成渝地区双城经济圈建设，在西部形成高质量发展的重要增长极。2021年10月，《成渝地区双城经济圈建设规划纲要》颁布，从此成渝地区联合发展上升到国家战略层面，成为中国经济发展第四大增长极，与京津冀、长三角、粤港澳共同形成重心区域布局，构建了以国内大循环为主体、国内国际双循环相互促进的新发展格局。成渝地区双城经济圈建设为成渝地区体育产业区域协调发展奠定了有力基础，持续深入对成渝地区体育产业空间布局特征的探究和协调发展对策的研究，能更好地完善经济圈的建设、推动区域体育产业发展。

成渝地区体育产业的总规模逐年扩大，占两省市地区的生产总规模也不断增加。2022年，成都体育产业总规模达到1005.3亿元，体育产业增加值占同期全市地区生产总值的1.86%；重庆体育产业总规模达到694.34亿元，体育产业增加值占同期全市地区生产总值的 1.0%。成渝地区体育产业的逐年发展为两地体育产业的协调发展提供了物质基础。此外，两地高度重视体育产业发展，成都和重庆 2021—2023 年分别颁布了推动当地体育产业发展的专项政策性文件，为两地体育产业的高质量发展提供了政策支持，为成渝地区的体育产业协调发展提供了政策保障。在成渝地区体育产业蓬勃发展的背景下，深入探究成渝地区体育产业协调发展的对策，不仅能带动成渝地区体育产业的持续发展，还有利于实现成渝地区体育产业的高质量发展。

成都和重庆在探索体育产业顶层设计、体制机制及资源共享等方面不断创新突破。2020 年，成都和重庆的体育部门共同签署了《双城联动共推体育融合发展合作协议》，提出双方将在未来实现体育赛事互推和体育产业联动等方面融合发展。2021 年，重庆体育局与四川体育局、成都体育学院共同签署了《成渝地区双城经济圈体育产业协作协议》。同年，两地携手组建成渝体育产业联盟，持续深化区域合作，共同推动成渝地区体育产业发展。2022 年 12 月，重庆体育局与四川体育局联合颁布《成渝地区双城经济圈"十四五"体育产业一体化发展规划》，提出共同搭建体育产业协同平台、共同建设现代体育产业体系、共同培育壮大体育市场主体和强化产业要素创新驱动等具体措施。此外，两地在体育赛事、体育旅游线路和体育综合体等项目中展开密切合作。成渝地区双城经济圈体育产业空间特征的研究将有助于优化成渝地区体育产业空间的整体布局，完善整体功能体系，提升整体发展能级。

但目前成渝地区体育产业还存在体育产业区域发展不均衡、体育产业结构不均衡及体育赛事品牌不突出、体育产业协同发展深度不足问题，因此，本研究将深入分析成渝地区体育产业空间特征，探究影响其空间分布的因素，构建成渝地区体育产业协同发展机制，并对成渝地区体育产业的协同发展提出建议。

1.2 研究问题、目的与意义

1.2.1 研究问题

区域一体化和区域协同发展正成为中国区域发展的主旋律。成渝地区双城经济圈作为我国西部地区最大的城市群，它的区域协同发展对我国西部的发展和建设具有重要影响。2021年10月，中共中央、国务院印发的《成渝地区双城经济圈建设规划纲要》中提出，坚持"川渝一盘棋"思维，发挥优势、错位发展，优化整合区域资源，加强交通、产业、科技、环保、民生政策协同对接，做到统一谋划、一体部署、相互协作、共同实施，辐射带动周边地区发展，显著提升区域整体竞争力。区域体育产业的协同是一个包括多个主体的开放系统，通过各要素的相互补给、高效整合和优化配置，达到互利共赢、共同发展体育产业的目标。在区域协同发展的过程中，不仅要注重体育产业系统与外部系统的有效协同，更要关注区域内各子系统的有效协同。目前，成渝地区双城经济圈体育产业的协同发展还处于初级阶段，其综合实力和竞争力仍与其他发达地区存在较大差距，区域间的共建共享机制尚未健全，区域间的体育产品与服务供给能力和消费水平仍存在上升空间，区域间的体育市场主体竞争力与品牌影响力有待加强。基于此，深入剖析成渝地区双城经济圈体育产业的空间特征，制定区域体育产业协同发展的对策，是构建"双核双圈、一轴八点、两翼全域"的体育产业新发展格局的垫脚石。

1.2.2 研究目的

在中国的区域发展板块上，成渝地区一直占据着举足轻重的地位。本研究以成渝地区双城经济圈体育产业的空间分布特征为基础，充分了解川渝两地体育产业空间特征的实际情况，通过多方位、多角度梳理川渝地区体育产业发展现状及空间分布特征，指出未来发展的方向。构建区域体育产业协同发展机制，分析体育产业分布的影响因素、发展的机遇，提出成渝地区体育产业协同发展的对策，助推两地之间体育产业的合作不断向更深、更广发展，从而促进成渝地区和毗邻地区之间的体育产业交流合作。同时，成渝地区双城经济圈体育产业协同发展机制的制定与提出，为推动重庆、四川两地体育产业高质量发展格局的形成，加强区域体育产业发展的顶层设计与统筹协调，制定相应的制度体系，探索区域体育一体化发展的路径模式，解决区域体育产业发展不平衡、不充分的问题提供了有力支撑，有助于深入贯彻落实《体育强国建设纲要》、助力 2035 年体育强国建设远景目标的实现。

1.2.3 研究意义

1.2.3.1 理论意义

不同的区域发展策略不同，必然形成不同的体育产业发展业态和各有特色的空间布局，本研究围绕两个关键的研究背景展开：一是党中央、国务院关于全面建设体育强国提出的重要战略，二是将打造成渝地区双城经济圈作为国家战略。为推动实现体育强国，《体育强国建设纲要》中明确提出体育建设的战略目标；随着成渝地区牢固树立一盘棋思想和一体化发展理念，依据成渝地区双城经济圈体育产业空间分布特点，全面梳理区域体育产业发展的升级机会和方向，提出制订体育产业协同发展的机制成为区域转型发展的重要需求之一，这也是现阶段拓展区域发展新空间面临的现实问题。

同时，成渝地区双城经济圈形成高质量发展的重要增长极，必须大力推动成渝地区双城经济圈产业分工协作，形成产业协调发展局面，建设成渝地区双城经济圈现代化产业体系。该成果可为成渝地区双城经济圈空间与产业联动提供现实依据，对政府制定有效推动成渝地区双城经济圈产业升级策略有较大的参考价值。同时，本研究可形成一套基于区域空间结构特征的体育产业协同研究分析方法，该方法在体育产业升级方面的实证效果可为其他产业升级提供应用示范借鉴。

1.2.3.2 现实意义

本研究基于成渝地区体育产业发展的现状进行分析，得出目前存在的问题并提出协调发展对策，能够促进相关研究的发展、改善现状。具体如下：①促进成渝地区体育产业的协调发展，有利于川渝两地各体育组织之间加强交流学习，更好地实现区域内体育资源的均等化，实现成渝地区的协调发展；②促进成渝地区体育产业的协调发展，整合成渝地区的体育资源，促进区域体育产业融合发展，有助于在数量和质量上对区域内的体育资源进行提高，形成区域体育发展新格局，为成渝地区体育的协调发展提供支持；③在成渝地区双城经济圈体育产业的建设中，在川渝两地的磨合下，通过合理的渠道和方式解决在协调发展中遇到的困境，加快成渝地区双城经济圈体育政策的制定和落地。

本研究能够为相关管理及研究人员提供参考，并提出合理的政策建议，提升成渝地区双城经济区协同发展水平和质量，对促进"一带一路"建设与长江经济带的发展互动具有积极意义，也能为我国其他城市群的协同发展提供借鉴，因此本研究存在一定的实际意义。

1.3 研究思路与方法

1.3.1 研究思路

本研究总体研究思路围绕研究选题—理论基础—理论分析—发展机制—发展对策的框架模式开展，具体从体育产业区域发展、体育产业结构、体育产业协同发展、体育产业空间分布等方面进行。在区域体育产业协同发展机制的研究中，动力保障机制研究主要解决成渝地区双城经济圈体育产业协同发展的推进动力问题，主要包括政策引导、科技创新、产业引领、资源整合等推动路径；人才流动机制、信息共享机制、组织协调机制等主要解决体育产业协同发展的发展保护问题。

在研究手段和资料获取方面，综合运用多学科、交叉研究方法，通过网络检索、文献查阅及实地调研等方法查阅相关资料、统计数据等。在充分掌握现有的研究成果和数据的基础上，着重通过成渝地区双城经济圈体育产业协同发展的发展现状分析、区域体育产业空间分布特征分析及空间分布影响因素研究展开多维度、跨学科的深层次综合研究，其研究技术路线如图1-1所示。

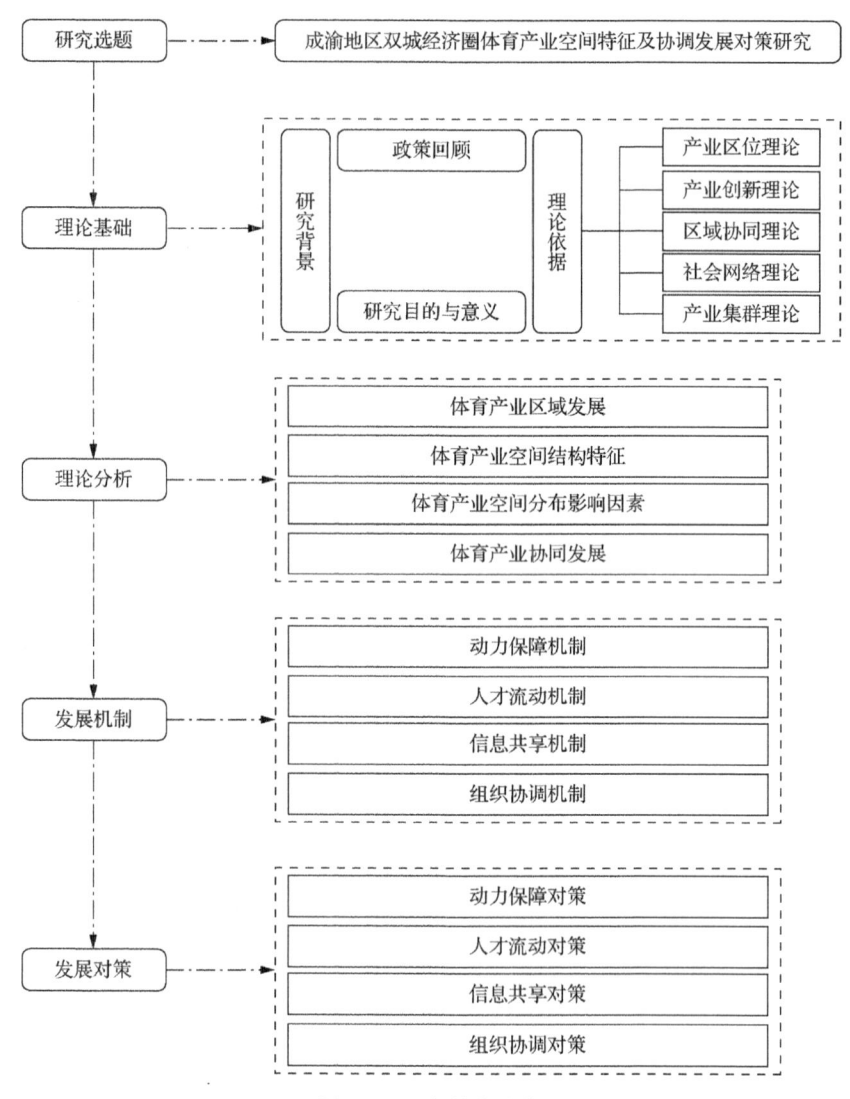

```
研究选题 —— 成渝地区双城经济圈体育产业空间特征及协调发展对策研究

理论基础 ——  研究背景（政策回顾／研究目的与意义）  理论依据（产业区位理论／产业创新理论／区域协同理论／社会网络理论／产业集群理论）

理论分析 —— 体育产业区域发展／体育产业空间结构特征／体育产业空间分布影响因素／体育产业协同发展

发展机制 —— 动力保障机制／人才流动机制／信息共享机制／组织协调机制

发展对策 —— 动力保障对策／人才流动对策／信息共享对策／组织协调对策
```

图 1-1　研究技术路线

1.3.2　研究方法

本研究对成渝地区双城经济圈体育产业空间分布及协调发展存在的问题进行有效分析，将规范研究与实证研究相结合、历史分析与现实分析相结合、定性分析与定量分析相结合，从方法上做到"三结合"。具体研究方法如下。

1.3.2.1 文献资料法

通过图书馆、互联网等多种途径查阅了解，对区域产业分布、成渝地区双城经济圈体育产业协调发展等方面进行着重查阅，系统地收集与整理与选题相关的文献、著作和相关资料；同时，为收集成渝地区双城经济圈"大体育"领域有关数据，还查阅了国家与成渝地区双城经济圈有关统计年报、数据库等。

以"期刊论文""硕博士学位论文""会议论文"等为检索对象，在中国知网（CNKI）数据库中，以2023年7月1日为限，查阅篇名或题名有关的学术论文及相关信息，文献资料总体分布图如图1-2所示。

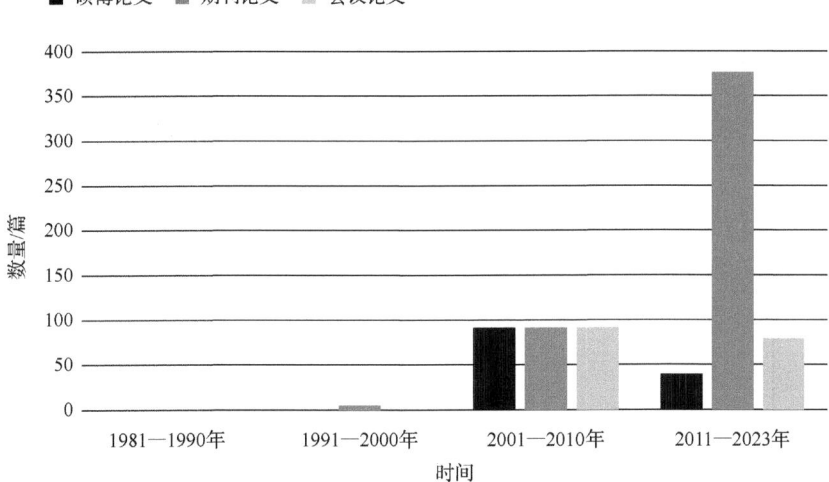

图1-2 文献资料总体分布图

（1）期刊论文概况。搜索到以"区域体育产业""成渝地区双城经济圈体育产业"为主题的期刊论文共490篇，其中限定中文文献为466篇。内容主要包括体育产业集群、体育文化产业、区域经济发展、产业融合发展、区域协同治理、治理模式、竞争力评价等方面。

（2）硕博士学位论文概况。硕博士学位论文是一种相对系统和深入化研究的成果，课题组仍以"区域体育产业""成渝地区双城经济圈体育产业"为主题从中国知网（CNKI）数据库中查阅，获得有关研究的硕博士学位论文共47篇。

（3）会议论文概况。与中国知网（CNKI）数据库收录的期刊论文相比较，会议论文和硕博士学位论文在数量上都少于期刊论文数量。课题组以"区域体育产业""成渝地区双城经济圈体育产业"为主题进行检索，得到有关研究的会议论文共109篇。

通过对中国知网（CNKI）数据库的检索查阅可以窥见，截至2023年7月1日，在期刊论文、硕博士学位论文和会议论文中，以"区域体育产业"为主题的研究文献自2010年后呈爆发式增长，可见区域体育产业开始成为学界讨论的热点主题。综上所述，目前国内对于成渝地区双城经济圈体育产业的研究逐渐成为学界的热点主题，相关研究文献逐渐增多，但具有代表性、权威性的著作及研究仍然较少。

1.3.2.2　逻辑演绎法

通过对现有的研究成果进行系统性分析与总结，将具有一般指导意义的理论和方法用于研究成渝地区双城经济圈体育产业协调发展有关问题，以分析与阐释其理论内涵和现实特征。具体涉及成渝地区双城经济圈体育产业空间分布特征及其影响因素分析，以及区域体育产业协同发展机制和对策分析。

1.3.2.3　专家访谈法

本研究对成渝地区有关体育产业区域协同发展研究领域的专家、体育产业的学者和主管成渝地区体育产业发展的事业单位人员及企业工作者开展访谈并发放问卷。访谈与问卷内容主要围绕成渝地区双城经济圈体育产业空间分布影响因素重要程度等方面展开，为本研究有关内容的分析提供了翔实信息。

1.3.2.4　问卷调查法

本研究将22个二级指标因素作为选项，采用李克特量表设计调查问卷进行调查，问卷的发放对象主要是研究有关体育产业的专家和学者，以及成渝地区体育事业的从业人员等。问卷调查结果为本研究有关成渝地区双城经济圈体育产业空间分布影响因素指标体系的分析提供了有效数据。

1.3.2.5　数学建模方法

在实证分析方面,本研究使用系统分析方法借助产业区位理论,以成渝地区体育产业空间分布为因变量,科学合理地构建成渝地区体育产业空间分布的影响因素指标体系,来进一步探究成渝地区体育产业空间分布的基本成因。

2 相关概念及理论基础

本部分通过对既有文献的整理和分析，对研究的相关概念及内涵进行深入挖掘，阐述成渝地区双城经济圈、体育产业、产业协调发展和产业空间分布的概念，梳理成渝地区双城经济圈的演变过程，同时，对本研究中所涉及的相关理论基础进行阐释。

2.1 基本概念

2.1.1 成渝地区双城经济圈

成渝地区双城经济圈位于长江上游，是四川盆地的一个城镇化区域，其东邻湘鄂，西通青藏，南连云贵，北接陕甘。它是我国西部发展水平最高、发展潜力较大的地区之一，同时也是"一带一路"倡议和长江经济带的重要联结点。

2.1.1.1 建设方面

在我国地方发展中，成渝地区长期占据显著地位。2011年，《成渝经济区区域规划》获得国务院批复并印发，使该地区的发展得到了更进一步的加强。国家发展和改革委员会、住房和城乡建设部联合印发了《成渝城市群发展规划》，其目的在于规划未来，使成渝城市群在2020年建成经济兴旺、生活品质高、生态环境美好的国家级城市群，并且在2030年完成从国家级城市群向世界级城市群的跨越。

2019年，根据新型城镇化建设的相关政策文件，成渝城市群被提升至与京津冀城市群、长三角城市群和粤港澳城市群同等的战略地位，明确了其在国家区域发展布局中的重要性。成渝地区作为唯一一个地处西部内陆的地区[①]，具有独特的区位优势和战略意义，是推动西部大开发和促进区域协调发展的关键区域。

2018 年，数据显示，重庆和四川的经济总量超过 6 万亿元。成都和重庆构成一个覆盖自贡—泸州的城市群，人口和经济总量都占据了四川和重庆两地人口和经济总和的 90%左右。2014 年，成渝地区的 GDP（Gross Domestic Product，国内生产总值）占全国的 5.49%，到 2018 年，这一比例上升到 6.6%左右。

2.1.1.2 成渝地区双城经济圈的时间演变

根据相关资料整理，本研究绘制出成渝地区双城经济圈的时间演变，如图 2-1 所示。

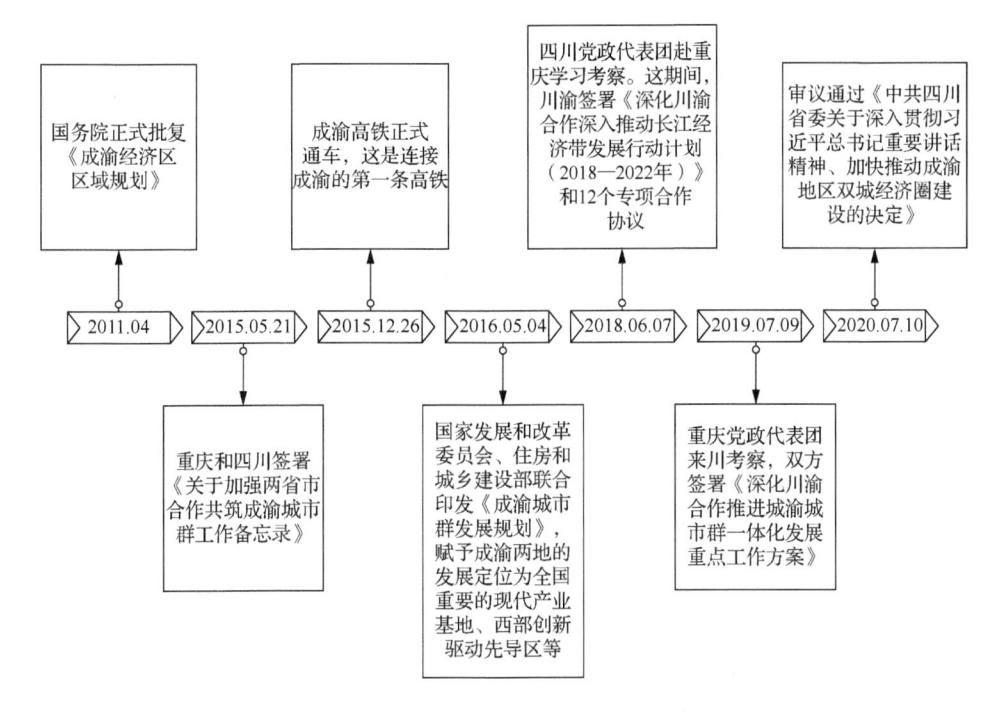

图 2-1 成渝地区双城经济圈的时间演变

[①] 国家发展改革委. 推动成渝地区双城经济圈建设 打造高质量发展重要增长极[EB/OL].（2021-10-21）[2023-05-09]. https://www.ndrc.gov.cn/xxgk/jd/jd/202110/t20211021_1300636.html.

2011年3月1日，国务院总理主持召开了国务院常务会议，讨论并通过了《成渝经济区区域规划》。成渝经济区是我国的一个重要的区域，集中了大量的人口、城镇和产业，涵盖31个区县和四川省内15个市。该地区位置优越、交通体系完善、人力资源丰富、自然环境条件良好。成渝经济区在我国的经济和社会发展中具有重要的策略地位。在我国的发展中，成渝经济区是一个至关重要的经济区域。

快速推进成渝经济区的发展在当前形势下至关重要，这不仅能够加强西部大开发，还能够推进全国区域的协调发展，提升国家的综合实力。优化空间布局，加强区域联动发展，积极推进城乡协调发展，提高发展保障水平，促进内陆经济发展，并建立长江上游生态保护屏障。

这次会议强调，要在未来5年内着力提升成渝经济区的经济实力，使其成为西部重要的经济核心和全国现代产业的重要基地。人民群众的生活水平明显提高，这是基本公共服务水平显著提升的结果。会议还研究了其他问题。例如，《成渝经济区区域规划》有可能成为全国第4个地区经济发展规划，成为继珠三角、长三角、京津冀之后的又一个重要规划和任务。在推动四川经济社会发展和提升全国经济地位方面，制定并执行《成渝经济区区域规划》具有重要的现实意义和历史意义。四川发展和改革委员会组织了专家、学者及各方力量，起草了四川对该规划的意见，旨在将四川未来10年经济发展中需要国家协调支持的项目和政策等重大问题纳入该规划中，以期促进成渝经济区建设的快速实施和建设成为国家战略。

2015年5月21日，重庆和四川联合签署《关于加强两省市合作共筑成渝城市群工作备忘录》，目的是携手打造成渝城市群，强化成渝两地之间的协作。这是一份重要的合作文件，由两个地区签署。该备忘录规定了6个领域加强两地合作，其中包括促进交通、信息和市场三者一体化，还首次提出了合作规划都市消费品、石油天然气化工和特色资源加工3个重要产业发展走廊。

成渝中线高铁于2022年11月28日宣布开始建设，预计工期为5年，计划2027年底建成通车。成渝地区双城经济圈将在建成后开辟一条新的重要通道。成渝中线高铁的通车将使该线路与西安—成都高铁、重庆—昆明高铁等多条铁路连接，这也将进一步完善我国中西部地区的铁路网结构。这一进展将大大方便沿线居民的出行，同时对于推动成渝地区双城经济圈建设、形成西部大开发的新格局具有极其重要的意义。

高速列车重新开放，生活再次扩张。成渝高铁从重庆北站出发，穿越了重庆渝北区、沙坪坝区、璧山区、铜梁区、大足区，以及四川资阳、成都，最终到达成都枢纽——成都站。重庆—成都的成渝中线高铁建成后，两地通行时间将缩短到1小时内，这将形成真正的1小时经济圈。高铁带来的便捷将扩大人们的生活圈，让生活更加便利。

2019年7月9日，重庆和四川在促进成渝城市群一体化发展方面达成一致，共同签署了《深化川渝合作推进成渝城市群一体化发展重点工作方案》。该方案的目的是加强两地之间的合作，鼓励共同推进成渝城市群的发展。重点任务包括：加快城际铁路、高速公路、机场、港口等交通基础设施建设；实施产业转型升级和经济转型发展；推动城市规划建设和生态环境保护；促进文化交流和旅游合作等。这些任务将有助于促进成渝城市群的一体化发展。成渝城市群是一个地区，以成都和重庆两个城市作为核心，位于"一带一路"和长江经济带的交汇点，截至2022年，总人口接近1亿，经济总量近7.8万亿元，其重要任务之一是为拓展中国经济发展提供更多的空间。该方案的目标是将成渝城市群的整体发展提升为国家战略，创建西部地区的核心引擎，以此促进开放和发展。这个计划对于支持西部大开发、共建"一带一路"、推进长江经济带绿色发展及保持西部全面开放领先地位具有重要的作用。

2.1.2 体育产业

体育产业是指以为社会提供体育类产品为方式，从事生产经营活动的各类经济部门和经济活动的集合。其中体育类产品包括与体育有关的一切有形的体育产品和无形的体育服务。

体育产业是整体产业中的一个细小分支。与体育产业其他产业相同，作为整个国民经济的其中一个组成部分，追求盈利、讲求经济效益是体育产业与国民经济中其他产业所共有的特性。此外，体育产业还具有提高国民身体素质、提振民族精神、强健国民体魄及实现人的全面发展等特殊的个性。不同于体育事业，体育产业以盈利为目，更加注重经济效益。

2.1.3 产业协调发展

产业协调发展是指产业内部及各区域之间的产业经过合理分工、相互协同，达到产业发展的有序高效和良性运行的发展。

体育领域的产业协调发展研究主要研究各省产业的耦合协调发展情况和产业与经济及环境之间的耦合关系，多数运用耦合理论和耦合协调模型进行研究。基于之前的研究总结，明确科技创新效率、产学合作程度、知识溢出能力和高技术产业吸收力是产业耦合协调发展的重要因素。

2.1.4 产业空间分布

产业空间分布是指在一定的地域范围内对产业空间分布上进行合理的规划、协调与组织，包括对产业地域、地理及产业区域集群上的部署和规划。

体育产业的空间分布是对一定区域内体育产业的各细分行业在不同地区、不同地理位置上分布的规划，以及各体育行业及其供应链、产业链在不同地理空间上集聚的部署和安排。

2.2 相关理论基础

2.2.1 产业区位理论

区位的含义是分布的地区或地点。区位理论的发展大致经历了 3 个阶段，即古典区位理论、改进的区位理论、现代区位理论（区域经济学）。区位理论是关于人类活动的空间分布及其空间中的相互关系的学说，常见的是农业区位论和工业区位论。它是指为了方便生产和加快流通，降低成本，增加利润，提高社会效益、经济效益、生态效益，用来选择适宜或最佳的空间位置的理论。具体地讲，区位理论是研究人类经济行为的空间区位选择及空间区内经济活动优化组合的理论。影响经济区位的因素有很多，包括：自然环境方面的地形地势、气候、土地资源、水资源、矿产资源等；社会政治方面的社会安定、教育水平、法制和政策环境等；经济技术方面的劳动力供应量和价格、市场容量等；基础设施方面的土地开发利用程度、交通通信条件、能源动力供应等。虽然大多区位理论未能全面考虑以上多种区位影响因素，但目前区位研究所考虑的影响因素已经逐渐增多且越来越贴近复杂的现实。产业区位理论作为区位理论的一个重要分支，主要研究各产业在空间上的分布规律及其对经济活动的影响。该理论探讨的是如何在特定地理空间内，根据资源、市场、劳动力等条件，选择最优的产业布局以实现成本效益最大化和竞争力的提升。在成渝双城经济圈体育产业的研究中，产业区位理论能够帮助研究者和决策者理解体育产业的空间布局，评估不同区域的发展潜力，进而更有效地促进成渝地区体育产业的集聚发展，提升区域经济的综合竞争力。

2.2.2 产业创新理论

产业创新理论主要是在产业革命的相关研究中萌芽的，它衍生于经济学家约瑟夫·阿罗斯·熊彼特在其著作 *Theory of Economic Development* 中所提出的创新理论。熊彼特认为，创新是经济发展过程中的动力源，而创新就是把一种从来没有过的生产要素和生产条件的新组合引入生产体系[1]。在创新理论研究不断深化的过程中，产业创新理论也随之进一步发展，创新在产业层面的体现即为产业创新。英国经济学家 Freeman 与 Soete 合著的 *The Economics of Industrial Innovation* 是首部对产业创新理论进行系统阐述的专著，奠定了产业创新理论发展的基础[2]。弗里曼借鉴了熊彼特在研究中所提出的创新分类思想，把产业创新领域进一步具体化，将其分为产业的技术创新、技能创新、产品创新、流程创新、管理创新、市场创新等方面[3]。在进一步研究的过程中，我国学者在对产业创新理论进行广义界定时认为，正是费里曼提出的诸多方面的创新共同形成产业的突破，促使产业发展实现质的飞跃。在对产业创新进行定义时，王艾青认为，产业创新是指特定产业在

---

[1] SCHUMPETER J A. The theory of economic development: An inquiry into profits, capital, credit, interest, and the business cycle[M]. New Brunswick: Transaction Publishers, 1980: 60-65.
[2] FREEMAN C, SOETE L. The economics of industrial innovation[M]. London: Routledge, 1997: 22-24.
[3] FREEMAN C, SOETE L. The economics of industrial innovation[M]. London: Routledge, 1997: 17-24.

成长过程中或在激烈的国际竞争环境中主动联手开展的产业内企业际的合作创新，它是增强产业竞争力的经济发展战略[①]。罗积争和吴解生认为，产业创新是指发展已经较为成熟的企业或龙头企业通过技术的研发实现产业内的共同创新[②]。梁威和赵学礼认为，产业创新是指企业突破既定的、已结构化的产业的约束，以产业先见或产业洞察力构想未来的产业轮廓，以及通过培养核心能力来使构想的产业成为现实的过程[③]。总之，产业创新理论是指主体之间通过协同作用，实现技术、环境等方面的创造发明，促使产业获得突破性的进步和发展。从产业创新理论的视角看，本研究所探讨的成渝地区双城经济圈体育产业协调发展中产业组织协调不平衡、产业链整合能力差等主要问题均可以从产业创新能力缺失上寻找根源。因此，本研究运用产业创新理论对成渝地区双城经济圈体育产业的协调发展进行研究，旨在表明创新对于体育产业协调发展的重要性。

2.2.3 区域协同理论

区域协同发展是协同理论在区域系统中的使用。20世纪70年代，赫尔曼·哈肯创立了协同理论，该理论研究协同系统在外参量的驱动下和子系统之间的相互作用下，以自组织的方式在宏观层面上形成空间、时间或功能有序结构的条件、特点及演变规律[④]。协同理论具有普适性，其最早适用于自然科学，而后被引入人文社会科学，为其提供了新的理论视角。区域系统是一个包括自然、经济、科技、环境等子系统的庞大系统。将协同理论引入区域系统，使区域系统能够更好地调控和引导，增强区域发展的协同作用。国外部分区域已经形成比较成熟的协同发展趋势，如法国巴黎城市圈、英国伦敦城市群、美国北海岸城市群和环大湖城市群等。我国应该学习国外经验，基于我国国情，提出适合我国自身发展情况的区域协同发展机制。对此，国内部分学者立足于长三角、京津冀、粤港澳、成渝地区对其区域及区域内子系统的协同发展进行探究。本研究将区域协同理论运用于构建成渝地区体育产业协同发展机制，基于成渝地区体育产业的发展特征，

---

① 王艾青. 技术创新、制度创新与产业创新的关系分析[J]. 当代经济研究, 2005 (8): 31-34.
② 罗积争, 吴解生. 产业创新: 从企业创新到国家创新之间的桥梁[J]. 经济问题探索, 2005 (4): 111-114.
③ 梁威, 赵学礼. 基于产业创新的竞争战略选择[J]. 商业时代, 2006 (5): 11, 13.
④ 赫尔曼·哈肯. 协同学: 大自然构成的奥秘[M]. 凌复华, 译. 上海: 上海译文出版社, 2005: 214-218.

构建一个协同的组织系统以推动成渝地区体育产业的高质量发展。

2.2.4 社会网络理论

社会网络理论起源于 20 世纪 30 年代，于 20 世纪 70 年代发展成熟，是一种新的社会学研究范式，经过多年的发展集合了众多学者的研究成果，形成了一个完善的理论框架。Granovetter 提出的弱联系理论认为，在社会网络中，社会成员之间关系中的弱联系具有更高的价值[1]。White 为解释市场的原理，从社会网络角度提出了网络结构理论，该理论认为各社会成员之间存在客观的网络联系，各社会成员之间的关系也会对个体产生影响[2]。罗纳德·伯特提出的结构洞理论是在网络分析的框架内展开的，结构洞是指在社会网络各组成成员之间产生联系必须填补的空白，该理论认为社会网络中的成员一旦占据了更多的结构洞，就会在社会竞争中具有更大的竞争力和优势[3]。此外，嵌入型理论、社会资本理论、二对一理论等也极大地丰富了社会网络理论。目前社会网络理论已被学者广泛应用于成渝地区经济、公共服务、环境保护等多领域的研究中，然而在成渝地区双城经济圈体育产业协同发展的研究领域还少有应用，将社会网络分析法与成渝地区体育产业发展研究相结合是一个新的研究方向。

2.2.5 产业集群理论

集群的概念最早可以追溯到 20 世纪 20 年代，英国经济学家马歇尔提出企业的外部经济是导致集群的原因，企业生产规模扩大产生的溢出效应对该产业的其他企业产生了有利影响[4]。阿尔弗雷德·韦伯首次提出了集聚经济的概念，认为在产业配置过程中集聚经济可以有效降低企业的生产运输成本，提高经济效益[5]。产业集群理论是在 20 世纪 90 年代西方经济学中出现的一种理论，该理论的研究对象是集中在特定区域的、在业务上相互联系的一群企业和相关机构，包括提供零

---

[1] GRANOVETTER M S. The strength of weak ties[J]. American journal of society, 1973, 78(6): 1360-1380, 2003.
[2] WHITE H. Where do markets come from?[J].American journal of sociology,1981, 87(3): 517-547.
[3] 罗纳德·伯特. 结构洞：竞争的社会结构[M]. 任敏, 李璐, 林虹, 译. 上海：格致出版社, 2008：3-4.
[4] 马歇尔. 经济学原理（下）[M]. 陈良璧, 译. 北京：商务印书馆, 1965：454-457.
[5] 阿尔弗雷德·韦伯. 工业区位论[M]. 李刚剑, 陈志人, 张英保, 译. 北京：商务印书馆, 2010：129-138.

部件等上游的中间商、下游的渠道与顾客、提供互补产品的制造商，以及具有相关技能、技术或共同投入的属于其他产业的企业，该理论经过近些年研究逐渐深入并且系统化。对其理论、形成机制及分类的研究已经相对成熟并被广大学者应用于农业、工业及服务业等各领域的研究中。成渝地区双城经济圈城市群、体育产业集聚等的相关研究已广泛采用产业集群理论。

3 文献综述

本部分采用文献计量可视化软件 CiteSpace 对国内外区域产业协调发展和产业空间分布进行描述性统计分析及关键词分析,以期从科学客观的角度探讨区域体育产业协调发展和产业空间分布的研究现状、研究热点。同时,对比国内外区域体育产业协调发展和产业空间分布的研究现状,对国内外区域体育产业协调发展和产业空间分布的研究成果进行简要评述。

3.1 文献资料的来源与概要介绍

3.1.1 文献资料的选择依据

本研究中的相关文献资料主要包括图书论著、期刊论文、硕博士论文、会议论文、政府部门的相关政策文件等,其选择主要根据研究对象和内容进行查阅检索,尽量使参阅的文献与课题紧密相关,坚持中外文献结合、期刊论文与著作结合、应用研究与政府资料相结合等的选择标准。

3.1.2 文献资料的获取途径

本研究中的文献资料的获取途径如下:一是图书论著主要源自国家图书馆、超星数字图书馆(读秀)、高校图书馆及图书购买等;二是期刊论文主要源自中国知网、万方、维普、Web of Science、SportDiscus 及 Medalink 等数据库;三是硕博士学位论文主要源自国家图书馆、各高校学位论文库及相关学位论文数据库;四是政府政策文件等,如果政府相关部门已经公开出版政府公报等内容,则通过购买的方式获得,如果是网站公开发布的信息,则通过网上查询获取,如果是暂时未公开的信息,则通过国家体育总局等有关单位合作方式获得;五是部分资料通过实地考察、调研、拍照或发放问卷等方式获得。

3.1.3 文献资料的利用方式

相关文献资料前期主要用于课题申报材料撰写的参考、构思、论证及文献综述的描述整理，后期主要用于科研成果的观点引用和借鉴，包括相关数据的使用。所有文献的使用方式都严格遵守知识产权法和《中华人民共和国著作权法》，遵循学术规范要求，凡是他人的观点和数据、图表等均标明作者及来源出处。

3.1.4 国外代表性文献的概要介绍

德国经济学家、社会学家阿尔弗雷德·韦伯编著的《工业区位论》系统论证了工业区位取决于工业布局的经济因素（如运储成本、工资、租金及其他影响生产过程的因素），指出在特定地点一定拥有其他地区所不具有的生产特定产品的区位因素[1]。为了分析方便，他把区位因素分为一般区位因素和特殊因素、地方区位因素和聚散因素、自然技术因素和社会文化因素。他认为在这些区位因素中，只有少数因素具有普遍意义，如运费、劳动费、聚集效益，可以作为纯理论研究的出发点。他把工业最优区位的工作分为 3 个阶段：第一阶段，假定劳动费与聚集因素都不起作用，孤立地研究在只有运费因素起作用的情况下，工业最合理的布局模式。第二阶段，研究当加进劳动费因素的作用时，工业分布模式发生的变化。第三阶段，研究当加进聚集效益因素的作用时，工业布局模式又会相应地发生变形。他是第一位把工业布局理论系统化的人，他创立的区位因素分析法和一套工业分布的指标体系对工业布局的实践产生了重大的影响。他所提出的工业区位论为成渝地区双城经济圈体育产业空间特征及协调发展对策研究提供了坚实的理论基础。

熊彼特编著的《经济发展理论》被誉为西方经济学界第一本用创新理论来解释和阐述资本主义的产生与发展的专著[2]。他在该书中首次提出了创新理论，他认为创新就是建立一种新的生产函数，也就是说把一种从没有过的关于生产要素和

---

[1] 阿尔弗雷德·韦伯. 工业区位论[M]. 李刚剑, 陈志人, 张英保, 译. 北京: 商务印书馆, 2010: 50-53.

[2] SCHUMPETER J A. Theory of economic development: An inquiry intoprofits, capital, credit, interest, and the business cycle[M]. New Brunswick: Transaction Publishers, 1980: 60-65.

生产条件的新组合引入生产体系。在他看来，作为资本主义灵魂的企业家的职能就是实现创新，引进新组合，经济发展也就是针对整个资本主义社会不断实现这种新组合而言的。虽然他的创新理论有其根本的缺陷，但重视生产技术和生产方法的变革对经济发展的促进作用，重视企业家对生产发展的特殊作用，强调经济制度内在因素的观点等见解对于促进我国区域体育产业创新发展仍具有积极的借鉴意义。

德国物理学家赫尔曼·哈肯在编著的《协同学：大自然构成的奥秘》中阐述了他所创立的协同学的要义[①]。协同学指出：无论是什么系统从无序向有序的变化，也无论是平衡相变还是非平衡相变，都是大量子系统相互作用又协调一致的结果，都可以用同样的理论方案和数学模型处理。正如人的心理状态、经济生活中的竞争、舆论问题等，应用协同学都能得到某种解释。随着电子计算机的出现，协同学也进入了科学领域，研究科学知识发展的动力学和科学家之间的竞争。在社会科学方面，协同学主要用于社会学、经济学、心理学和行为科学等方面。例如，在社会学中得到社会舆论形成的随机模型，这为人文社会科学提供了一种新的理论视角。

3.1.5　国内代表性文献的概要介绍

四川社会科学院副院长李中锋牵头编撰的《成渝地区双城经济圈建设报告（2022）》作为全国首部公开出版的"成渝蓝皮书"，系统地梳理了2020年以来成渝地区双城经济圈的建设进展和阶段性成果，对众多热点问题进行了学理性和实践性的专题分析[②]。报告分为4个板块：总报告、发展理念篇、协同发展篇和融合发展篇。其中，总报告围绕新发展格局下的成渝地区双城经济圈建设这一主题，系统地梳理了成渝地区双城经济圈的历史演变进程和国家规划历程，重点从经济发展水平、城镇化发展水平、协同发展水平和生态文明建设水平4个视角进行了深入分析和综合评价；在此基础上，报告基于成渝地区双城经济圈所处的新发展阶段，立足新发展理念和新发展格局，展望了成渝地区双城经济圈未来的发展。

---

① 赫尔曼·哈肯. 协同学：大自然构成的奥秘[M]. 凌复华, 译. 上海：上海译文出版社, 2005：1-6.
② 李中锋, 等. 成渝地区双城经济圈建设报告（2022）[M]. 北京：社会科学文献出版社, 2023：1-8.

发展理念篇从创新、协调、绿色、开放、共享 5 个方面描绘了成渝地区双城经济圈建设的进展、典型案例、关键短板等，提出相应的对策建议。协同发展篇重点剖析了成渝地区在经济区与行政区适度分离改革中的制度创新和实践探索，阐释了经济、产业和教育几大领域的协同发展情况与不足，利用大量数据和案例进行深度细致的分析与研判。融合发展篇聚焦成渝地区双城经济圈建设过程中的城乡融合、区域融合等热点问题并进行论述与分析。这为成渝地区双城经济圈体育产业发展提供了重要的参考价值。

《成渝地区双城经济圈建设研究报告（2022）》编委会编写的《成渝地区双城经济圈建设研究报告（2022）》提出了成渝地区双城经济圈高质量发展六大建议：一是协同建设现代产业体系，二是共建具有全国影响力的科技创新中心，三是打造富有巴蜀特色的国际消费目的地，四是共筑长江上游生态屏障，五是联手打造内陆改革开放高地，六是公共服务共建共享与提质同标[1]。该书以共筑中国经济第四增长极为主题，分析成渝地区双城经济圈在协同建设现代产业体系、共建具有全国影响力的科技创新中心、打造富有巴蜀特色的国际消费目的地、共筑长江上游生态屏障、联手打造内陆改革开放高地、公共服务共建共享等领域的实践探索、改革创新、主要成效、典型案例、问题挑战与对策建议，并同相关领域专家和实务工作者参与，围绕成渝地区双城经济圈建设的重点领域和城市实践编写了 5 份专题报告。为更好地部署和参与成渝地区双城经济圈体育产业建设提供工具指南、参考建议和实践方案。

由闵希莹等牵头撰写的《成渝地区双城经济圈高质量发展的重大举措与实践探索》是以《促进成渝城市群高质量崛起总体思路和重大举措研究》课题研究成果为基础，结合城市中心承接的多个研究课题成果，从政策、理论、实践等多维度进行的创新研究[2]。该书论述了成渝地区双城经济圈的发展历程、发展现状、现实问题和战略举措，将高质量发展的理念贯彻始终，深入探讨了制度建设、产业

---

[1] 《成渝地区双城经济圈建设研究报告（2022）》编委会. 成渝地区双城经济圈建设研究报告（2022）[M]. 北京：社会科学文献出版社，2022：1-10.
[2] 闵希莹，顾永涛，刘长辉，等. 成渝地区双城经济圈高质量发展的重大举措与实践探索[M]. 北京：社会科学文献出版社，2023：1-3.

协同、民生改善、生态环保等关键环节的区域一体化解决方案，对我国成渝地区双城经济圈体育产业发展具有一定的借鉴价值。

由江苏省科学技术发展战略院张玉赋主编的《区域网络化产业技术创新系统研究》从理论上阐述了产业技术创新系统构成要素、基本特征和运行机理，总结了国内外区域产业技术创新系统建设典型的成功经验和特点，深入分析了江苏在构建网络化产业技术创新系统方面一系列的实践和探索，提出进一步完善网络化产业技术创新系统的对策建议[1]。这为我国成渝地区双城经济圈体育产业发展提供了借鉴和学习机会。

3.2 国内外区域产业协调发展研究及文献评述

3.2.1 国外区域产业协调发展研究

国外区域产业协调发展研究是指研究国外地区不同产业之间的协调发展，以促进经济增长和提高区域发展的效益。本研究以 Web of Science Core Collection 为数据库，通过英文主题"regional""industrial""coordinated development"进行检索，截至 2023 年 7 月 1 日，共检索出 463 篇文献。为确保所选文献具有较高的研究价值，研究根据文献名称、摘要、关键词及正文内容，对所有检索出的文献进行二次筛选，剔除部分重复、相关度低、非学术研究等文献后，最终筛选出 455 篇英文文献。以下将通过 CiteSpace 软件对筛选后的文献进行可视化分析，以探究国外区域产业协调发展的研究现状和前沿动态，进而为国内体育产业区域协调发展研究提供参考。

关键词能够有效反映出该领域的研究现状和研究热点。本研究导入 455 篇英文文献后，生成国外区域产业协调发展关键词聚类图谱（图 3-1，彩图见二维码），同时，将频次大于 10 的关键词和排名前 10 的高中心性关键词（以加粗形式表示）汇总如表 3-1 所示。

---

[1] 张玉赋. 区域网络化产业技术创新系统研究[M]. 南京：东南大学出版社，2017：1-2.

图 3-1 国外区域产业协调发展关键词聚类图谱

表 3-1 关键词词频及中心度汇总表

序号	关键词	频次	序号	关键词	频次	序号	关键词	频次
1	growth	63	10	efficiency	30	19	consumption	17
2	China	62	11	model	28	20	system	16
3	urbanization	49	12	emissions	27	21	performance	16
4	co2 emissions	43	13	energy	27	22	economic development	15
5	impact	40	14	coordinated development	25	23	management	15
6	economic growth	38	15	policy	24	24	impacts	14
7	sustainable development	33	16	coupling coordination	19	25	coupling coordination degree	14
8	city	32	17	innovation	19	26	decomposition	14
9	energy consumption	31	18	carbon emissions	18	27	agglomeration	14

续表

序号	关键词	频次	序号	关键词	频次	序号	关键词	频次
28	**productivity**	14	32	**influencing factors**	12	36	dioxide emissions	10
29	sustainability	14	33	province	11	37	**industrial structure**	10
30	evolution	12	34	**urban agglomeration**	10	38	ecological environment	10
31	pollution	12	35	driving factors	10			

根据表 3-1 可知，出现频次排名前 5 的关键词为 growth、China、urbanization、co2 emissions、impact。结合文献检索结果，现有围绕区域产业协调发展所进行的研究主要聚焦我国的区域产业协调发展问题。例如，对碳排放问题进行讨论，通过多项指标分析碳排放与国家经济增长的问题，进而提出有助于政府协调区域发展的系列措施[①②]；亦或对区域内协调工业化与生态环境保护问题展开探讨，将我国 30 个省区划分为 4 类来解释区域工业生态效率变化的原因和差异，以探寻工业化与生态环境协调发展路径[③]。随着工业化进程的不断深入，生态环境保护问题日益突显，为实现区域协调发展，应更加关注生态系统管理、产业结构优化、生态农业，同时，改善工业、农村基础设施，以寻求工业化与生态环境保护的和谐、可持续发展[④]。国外学者针对区域产业协调发展问题，更多聚焦全球范围内的可持续发展问题。若要实现全球范围内生态系统的可持续发展，则需要在国家、国际范围内，以区域地方和区域保护行动予以支持[⑤]。因此，有学者强调对全球范围内多个行业进行审计，并提出行业资源可持续回收、利用和再循环的技术方法及政

---

① WU Y, TAM V W Y, SHUAI C Y, et al. Decoupling China's economic growth from carbon emissions: Empirical studies from 30 Chinese provinces (2001—2015)[J]. Science of the total environment, 2019(656): 576-588.

② LIU J G, LI S J, JI Q. Regional differences and driving factors analysis of carbon emission intensity from transport sector in China[J]. Energy, 2021(224): 11-14.

③ ZHANG J X, LIU Y M, CHANG Y, et al. Industrial eco-efficiency in China: A provincial quantification using three-stage data envelopment analysis[J]. Journal of cleaner production, 2016(143): 238-249.

④ LI Y R, ZHANG X C, CAO Z, et al. Towards the progress of ecological restoration and economic development in China's Loess Plateau and strategy for more sustainable development[J]. Science of the total environment, 2021(756): 1-38.

⑤ CHAPIN F S, SOMMERKORN M, ROBARDS M D, et al. Ecosystem stewardship: A resilience framework for arctic conservation[J]. Global environment change-human and policy dimensions, 2015(34): 207-217.

策。例如，生态工业园区可通过区域不同行业之间的协同作用来提高可用资源和废物的使用效率。矿物回收方面的新技术可以帮助回收家庭和工业废水处理后产生的有价值的矿物[①]。

本研究进一步运用 CiteSpace 中的 LLR 算法对关键词进行聚类，得到聚类结果 Q=0.6948、S=0.8439，说明聚类结构显著且合理。同时，得到 9 个聚类，分别为#0 carbon emissions、#1 industrial structure、#2 growth、#3 spatial convergence、#4 community forest management、#5 resource development、#6 panel tobit regression model、#7 oil shale、#8 nighttime light indices（图 3-1）。经梳理发现，该领域研究主要关注以下几个方面：产业结构和空间布局、产业关联和互补、产业政策和支持措施、产业创新和技术进步。国外区域产业协调发展的研究呈现出以下几个特征。

（1）区域产业协调发展的理论研究。国外学者针对区域产业协调发展的理论模型和框架展开讨论。例如，基于波特竞争优势理论探讨区域产业的竞争优势问题[②]，运用产业集群理论对区域产业集群创新能力进行评价[③]等，这些理论模型和框架为研究区域产业协调发展提供了理论基础。

（2）区域产业协调发展的政策研究。国外学者主要针对区域产业协调发展进行大量的政策研究，以期通过制定产业政策、产业协同规划，提供经济支持，推动企业创新等手段，促进不同产业之间的协调发展[④]。

（3）区域产业协调发展的经验研究。国外学者通过实地调查和案例研究，总结了一些区域产业协调发展的经验和模式，如德国的"中小企业网络"模式[⑤]、韩国的"产业链协同创新"模式[⑥]等。

---

① JEGATHEESAN V, LIOW J L, SHU L, et al. The need for global coordination in sustainable development[J]. Journal of cleaner production, 2009, 17(7): 637-643.

② ALGIERI B, AQUINO A, SUCCURRO M. International competitive advantages in tourism: An eclectic view[J]. Tourism management perspectives, 2018(25): 41-52.

③ YAN Y C, HE M X, SONG L F. Evaluation of regional industrial cluster innovation capability based on particle swarm clustering algorithm and multi-objective optimization[J]. Complex & intelligent systems, 2023, 9(4): 3547-3558.

④ PAN L W, LIAO X Y, LI R, et al. The Industrial decision analysis of regional coordinated development considering information distribution and fairness preference[J]. Sustainability, 2023, 15(22): 1-20.

⑤ OEHME M, BORT S. SME internationalization modes in the German biotechnology industry: The influence of imitation, network position, and international experience[J]. Journal of international business studies, 2015, 46(6): 629-655.

⑥ KIM M G, WOO C, RHO J J, et al. Environmental capabilities of suppliers for green supply chain management in construction projects: A case study in Korea[J]. SUSTAINABILITY, 2016, 8(1): 82.

(4) 区域产业协调发展的评价指标研究。国外学者提出了一系列的评价指标体系来评价区域产业协调发展的水平和效果，包括产业结构、产业竞争力、创新能力等指标[①]。

综上，国外区域产业协调发展的研究主要关注区域经济发展、产业集聚与分散、跨国公司与区域发展、区域创新与产业协调及产业转型与区域发展等方面的问题，这些研究对于有效推动区域经济发展和实现可持续增长具有重要意义。国外区域产业协调发展的研究已经取得了一些重要成果，对于促进我国经济增长、提高区域发展效益具有十分重要的影响。深入研究国外地区的发展经验，可以为我国提供宝贵的经验借鉴和启示，以此推动我国区域产业协调发展。

3.2.2 国内区域产业协调发展研究

本研究以中国知网核心文集（CSSCI、北大核心）为数据库，通过中文关键词"区域产业协调发展"进行检索，截至2023年7月1日，共检索出476篇文献。为确保所选文献具有较高的研究价值，课题组根据文献名称、摘要、关键词及正文内容，对所有检索出的文献进行二次筛选，剔除部分重复、相关度低、非学术研究等文献后，最终筛选出374篇中文文献。以下将通过CiteSpace软件对筛选后的文献进行可视化分析，以探究区域产业协调发展的研究现状、热点话题、前沿动态和未来展望，进而为体育产业区域协调发展研究提供参考依据、指明发展方向[②]。

3.2.2.1 国内区域产业协调发展研究热点分析

关键词是对文章主题的高度概括和凝练，高频关键词能够反映出该领域的研究现状和研究热点。在CiteSpace软件中，导入374篇中文文献后，将时间切片设置为1年，保留词频≥3的关键词节点，生成国内区域产业协调发展关键词共现图谱（图3-2，彩图见二维码），其中，网络图中共计节点516个，连线1279条。

---

① HE Y Y, LI Q G, LI Y. Empirical analysis of the correlation between marine industry agglomeration effects and regional economy based on the PCA[J]. Journal of coastal research, 2019, 94(SP1): 798-802.
② LIU J W, HUANG L C. Detecting and visualizing emerging trends and transient patterns in fuel cell scientific literature [C]//IEEE. 2008 4th international conference on wireless communications, networking and mobile computing. Dalian: IEEE, 2008.

同时，将排名前 10 的高频关键词和高中心性关键词汇总，如表 3-2 所示。

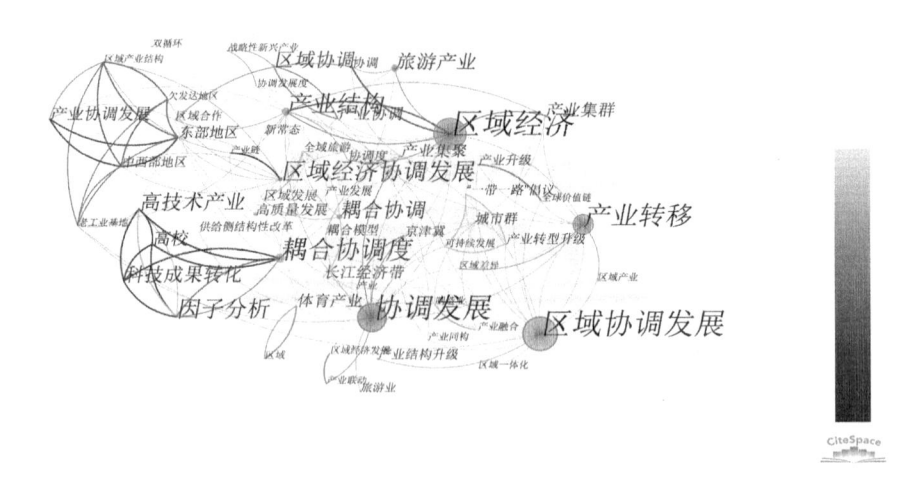

图 3-2 国内区域产业协调发展关键词共现图谱

表 3-2 关键词词频及中心性汇总表

序号	高频关键词	频次	高中心性关键词	中心性值
1	区域经济	85	区域协调发展	0.62
2	区域协调发展	83	协调发展	0.5
3	协调发展	71	区域经济	0.31
4	产业转移	46	产业转移	0.27
5	耦合协调度	41	区域经济协调发展	0.26
6	产业结构	30	产业结构	0.2
7	区域经济协调发展	29	产业协调发展	0.11
8	因子分析	27	区域协调	0.08
9	耦合协调	19	长江经济带	0.06
10	高技术产业	19	体育产业	0.05

根据表 3-2 可知，高频关键词与高中心性关键词存在较高的一致性。首先，区域经济（85；0.31）的出现频次最高、中心性位居第三，说明现有研究较多围绕区域经济展开讨论。区域协调发展（83；0.62）的频次位居第二，但中心性最高，说明该关键词在现有研究中较为重要、具有较大的影响力。区域经济是区域协调发展的重要内容，优化区域经济布局将有利于全国经济整体稳定和可持续发

展，这也是实现区域协调发展的关键。其次，协调发展、产业转移、耦合协调度、产业结构、区域经济协调发展、因子分析、耦合协调和高技术产业也是构成该领域研究的重要枢纽，与环绕在其周边的其他节点关键词共同构成国内区域产业协调发展研究的热门主题。

经梳理发现，区域产业协调发展是区域经济协调发展的重要讨论内容，国内学者围绕区域产业协调发展的研究特点主要表现如下：①针对具体区域产业协调发展的研究，如中西部地区、长江经济带、东部沿海地区等；②按照产业分类进行区域产业协调发展研究，如高技术产业、旅游产业、物流产业、体育产业等；③运用耦合协调模型对区域产业协调发展水平进行分析与预测。随着体育产业的快速发展，区域体育产业与经济发展之间的关系成为学界的研究热点，有关区域体育产业协调发展研究开始出现，它也成为区域产业协调发展的研究重点之一。

为深入分析区域产业协调发展的研究热点，本研究运用 CiteSpace 软件中的 LLR 算法对关键词进行聚类，得到聚类结果 Q=0.6686、S=0.8692，说明聚类结构显著且合理。最终，研究得到 13 个聚类，分别为#0 区域协调发展、#1 协调发展、#2 产业转移、#3 区域经济协调发展、#4 产业协调发展、#5 耦合协调度、#6 区域协调、#7 中西部地区、#8 共生理论、#9 发展、#10 利益协调机制、#11 协调互动、#12 malmquist 指数，并生成国内区域产业协调发展关键词聚类图谱（图 3-3，彩图见二维码），汇总出国内区域产业协调发展关键词聚类表（表 3-3）。其中，该聚类表仅展示出规模排名前 5 的聚类。

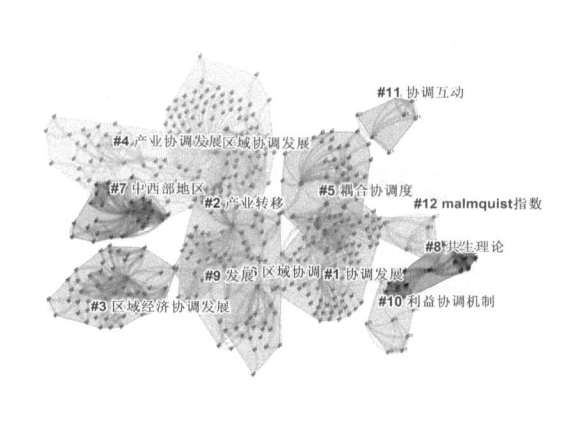

图 3-3　国内区域产业协调发展关键词聚类图谱

表 3-3　国内区域产业协调发展关键词聚类表

聚类序号	聚类规模	平均年份	聚类名称	关键词
#0	82	2017	区域协调发展	区域协调发展；"一带一路"倡议；产业转型升级；城市群；多样化集聚
#1	81	2010	协调发展	协调发展；区域经济；区域协调发展；产业集群；产业集聚
#2	55	2012	产业转移	产业转移；区域产业；国内价值链；产业空间分布；全球价值链
#3	52	2008	区域经济协调发展	区域经济协调发展；公共物品；协调发展；区域经济开发；税收优惠制度
#4	44	2016	产业协调发展	产业协调发展；长江经济带；协调发展；耦合协调；现代产业体系

聚类是文献分析与讨论的逻辑起点，不仅能够提高文献分析的质量，还有助于聚焦区域产业协调发展的研究重点。根据 CiteSpace 软件的聚类分析结果，研究在借鉴前人对区域产业协调发展相关研究成果的基础之上，将现有研究取向归纳为以下 3 个方面：①区域产业协调发展研究；②产业与区域协调发展研究；③产业与区域经济的耦合协调发展研究。

第一，区域产业协调发展研究。相关研究主要围绕长三角地区、京津冀地区和粤港澳地区产业协调发展展开。一些学者对长三角地区产业协调发展进行分析。例如，靖学青系统分析长三角地区主要城市的产业发展区域定位，确定了长三角地区产业发展的主要方向，并对长三角地区产业协调互动发展机制提出建议[1]。部分学者就京津冀地区产业协调发展展开讨论，从产业关联和产业结构升级的视角出发，验证了区域产业协调发展的重要性。王磊和李金磊证实了区域产业协调发展机制的建设能够更好地推动产业结构升级[2]。此外，有研究发现，在粤港澳地区的产业协调发展中，制造业、金融业及教育各行业之间协调发展，能更有效地提升区域科技创新水平，从而推动区域高质量发展[3]。

---

[1] 靖学青. 长三角主要城市产业发展的区域定位和协调互动[J]. 上海经济研究，2004（3）：51-56.
[2] 王磊，李金磊. 区域协调发展的产业结构升级效应研究——基于京津冀协同发展政策的准自然实验[J]. 首都经济贸易大学学报，2021，23（4）：39-50.
[3] 周四清，庞程. 产业集聚及协调发展对区域科技创新水平的影响——基于粤港澳大湾区制造业、金融业、教育的实证研究[J]. 科技管理研究，2019，39（19）：104-114.

第二，产业与区域协调发展研究。国内现有研究以旅游产业的区域协调发展为研究重点。部分学者基于粤港澳城市群、京津冀和长江三峡区域，对该区域的旅游产业协调发展进行深入研究，并对加强区域内旅游产业合作提出对策和建议，其中，郑立文等提出通过开发旅游节庆的方式来加强区域内的旅游产业合作[①]。还有学者讨论了体育旅游产业区域发展的新模式。陶春峰和谌贻庆认为，阻碍区域旅游产业发展的原因主要是旅游信息不对称和利益分配不均，对此提出区域旅游产业模块化发展策略，以形成有利于区域旅游发展的利益协调机制[②]。除旅游产业外，国内学者围绕区域体育产业协调发展展开讨论。现有研究主要在宏观层面上对体育产业的区域协调发展、区域体育产业高质量发展进行论述。例如，王飞提出地方政府职能转变能够更好地从宏观上推动区域体育产业协调发展[③]；张贵敏和王艳提出基于区域协调视角，我国区域体育产业应当大力发展优势体育产业，积极培育潜优势体育产业[④]；田建强提出区域体育产业的高质量协调发展应当打破行政壁垒，建立行业协会联盟，增强区域协调发展意识，完善区域分工[⑤]。此外，一些学者开始针对不同地区的体育产业协调发展进行探讨。例如，以长三角和东部省份为研究对象，研究区域内体育产业协调发展的具体措施，提出区域体育产业协调发展须深化区域协调机制改革，优化利益分配与共享机制等[⑥]。

第三，产业与区域经济的耦合协调发展研究。经梳理发现，现有研究多运用耦合理论和耦合协调模型对产业与区域经济的耦合协调发展问题展开分析与讨论。在各省产业的耦合协调发展情况研究中，伍先福等指出，历年各省的耦合协调发展有"高者恒高、低者恒低"的锁定效应，且在数量分布上呈现耦合水平两头少而中间多的橄榄形结构，多数区域的"新基建"领先于战略性新兴产业发展[⑦]。

---

① 郑立文，吕群超，谢新暎，等. 福建省环三都澳区域旅游业协调发展研究——基于区域旅游节庆开发[J]. 湖北大学学报（自然科学版），2010，32（4）：463-468.
② 陶春峰，谌贻庆. 论区域旅游产业模块化发展的利益协调机制[J]. 江淮论坛，2013，262（6）：68-74.
③ 王飞. 区域体育产业协调发展中地方政府职能转变探析[J]. 沈阳体育学院学报，2013，32（6）：6-8，29.
④ 张贵敏，王艳. 我国区域体育产业的基本定位——基于区域体育产业协调发展的视角[J]. 沈阳体育学院学报，2011，30（3）：3-7.
⑤ 田建强. 我国区域体育产业高质量协调发展的多元价值、主要任务与推进路径[J]. 山东体育学院学报，2022，38（6）：39-45.
⑥ 李海杰，张颖，王晨曦. 协调与均衡：区域体育产业一体化发展的新趋向——兼论长三角体育产业一体化的实施效应[J]. 沈阳体育学院学报，2023，42（1）：123-130，137.
⑦ 伍先福，黄骁，钟鹏. 新型基础设施建设与战略性新兴产业耦合协调发展测度及其耦合机制[J]. 地理科学，2021，41（11）：1969-1979.

针对旅游产业的研究，有学者运用耦合理论对旅游产业与区域经济发展进行研究，研究结果表明，我国旅游产业与区域经济两者之间存在明显的耦合关系，主要影响因素由强至弱依次为居民消费水平、第三产业总值、A 级景区数量、社会消费品零售总额等[①②③]。

3.2.2.2　国内区域产业协调发展的研究进展分析

突现分析是目前文献内容挖掘的重要工具之一，关键词突现图反映出短时间内文献中出现频次极高的关键词，表明关键词在该领域的重要程度和被关注度。关键词的突现强度越强，说明该关键词的研究前沿性越强。通过关键词突现分析，更加清晰地反映了一段时间内的研究前沿。由图 3-4 可知，突现强度最强的关键词是耦合协调（8.83），在 2016—2023 年为研究热点；其次是旅游产业（5.61），在 2013—2017 年为研究热点，这一时期国内学者重点研究了旅游产业的区域协调发展；随后是区域协调发展（5.13），在 2019—2023 年为研究重点。从 2016 年开始，长江经济带（3.48）开始备受人们的关注，并持续到 2020 年结束。以上表明，我国区域产业协调发展的研究热点逐渐从细分产业的研究过渡到具体区域产业协调发展的研究。

关键词	首次出现年份	强度	起始年份	终止年份	1993—2023年
旅游产业	1993	5.61	**2013**	2017	
耦合协调	1993	8.83	**2016**	2023	
长江经济带	1993	3.48	**2016**	2020	
区域协调发展	1993	5.13	**2019**	2023	

图 3-4　区域产业协调发展关键词突现图

综上所述，目前区域产业协调发展主要是对长三角、京津冀、粤港澳等区域的研究，围绕成渝地区双城经济圈开展的研究较少。此外，区域产业协调发展中对细分产业的研究主要集中于旅游业，对其他产业的研究较为缺乏，特别是对体育产业协调发展的研究主要基于宏观视角出发，缺乏对具体区域体育产业协调发展展开研究。各区域资源禀赋差异，使区域体育产业协调发展的路径也大不相同。因此，本研究将系统分析成渝地区双城经济圈体育产业的发展状况和空间分布特

---

① 衣保中，李铭洋. 中国旅游产业与区域经济发展耦合协调关系研究[J]. 社会科学战线，2021（9）：255-260.
② 生延超，钟志平. 旅游产业与区域经济的耦合协调度研究——以湖南省为例[J]. 旅游学刊，2009，24（8）：23-29.
③ 周成，冯学钢，唐睿. 区域经济—生态环境—旅游产业耦合协调发展分析与预测——以长江经济带沿线各省市为例[J]. 经济地理，2016，36（3）：186-193.

征，以期构建更为完善的成渝地区双城经济圈体育产业协调发展机制。

3.2.3 国内外文献评述

本研究分别从研究主题和热点、研究内容和成果、研究应用和意义 3 个方面对比国内外区域产业协调发展相关研究。

（1）研究主题和热点。国内外区域产业协调发展研究主要涉及区域经济、产业结构优化升级、区域协调发展等内容，其中，国内学者则着重长三角、京津冀、粤港澳等区域的产业协调发展研究，细分产业则主要关注旅游业；国外学者则更为关注产业结构和空间布局、产业关联和互补等方面。

（2）研究内容和成果。国内外学者在该领域的研究成果丰硕，其中一些学者关注了区域产业协调度的度量和评估方法，从不同角度探讨了区域产业协调发展的现状和问题。还有一些学者则侧重于研究区域产业协调发展的影响因素和机制，如政府政策、产业链协同等。

（3）研究应用和意义。国内外区域产业协调发展研究均具有一定的应用价值。对于政府和决策者来说，该研究可以为制定区域发展规划和政策提供科学依据。对于企业来说，了解区域产业协调发展的状况和机制将有利于指导其产业布局和战略决策。

综上，尽管国内外区域产业协调发展研究已有不少的研究成果和广阔的应用前景，但缺乏对具体区域体育产业协调发展的相关研究，较多问题仍悬而未决。例如，如何量化和评估区域产业协调发展的效果和水平？如何优化区域产业结构和加强产业链协同？后续研究可以进一步加强理论探索和实证研究，探索区域产业协调发展的内在机制和路径。

3.3 国内外产业空间分布研究及文献评述

3.3.1 国外产业空间分布研究

国外区域产业空间分布研究是指研究国外不同地区的产业在空间上的分布情况和特点。本研究以 Web of Science Core Collection 为数据库，通过英文主题

"regional""industrial""spatial distribution"进行检索，截至 2023 年 7 月 1 日，共检索出 957 篇文献。为确保所选文献具有较高的研究价值，本研究根据文献名称、摘要、关键词及正文内容，对所有检索出的文献进行二次筛选，剔除部分重复、相关度低、非学术研究等文献后，最终筛选出 937 篇英文文献。以下将通过 CiteSpace 软件对筛选后的文献进行可视化分析，以探究国外区域产业协调发展的研究现状和前沿动态，进而为国内体育产业区域协调发展研究提供参考。

关键词能够有效反映出该领域的研究现状和研究热点。研究导入 937 篇英文文献后，生成国外区域产业空间分布关键词聚类图谱（图 3-5，彩图见二维码）。同时，将频次大于 20 的关键词和排名前 10 的高中心性关键词汇总，如表 3-4 所示。

国外区域产业空间分布关键词聚类图谱

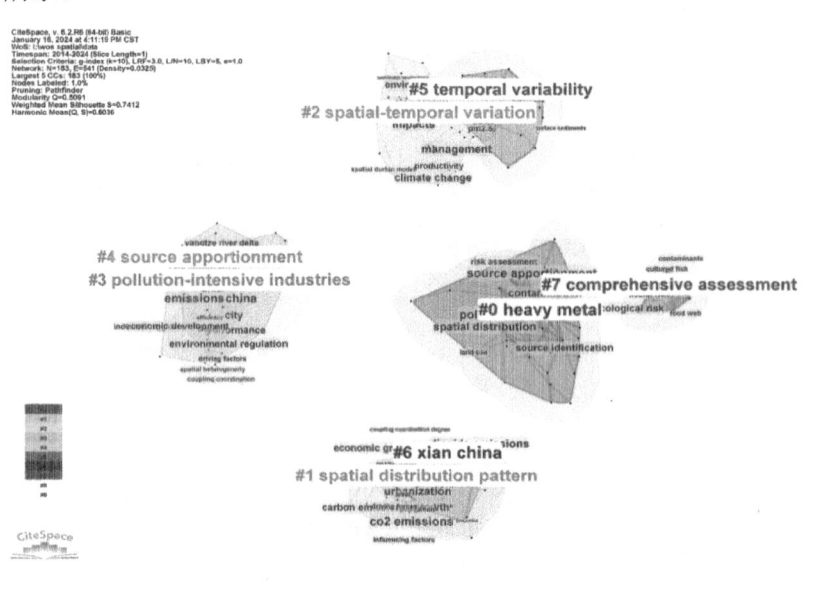

图 3-5　国外区域产业空间分布关键词聚类图谱

表 3-4　关键词词频及中心度汇总表

序号	关键词	频次	序号	关键词	频次
1	spatial distribution	117	4	city	72
2	China	86	5	pollution	62
3	impact	75	6	source apportionment	61

续表

序号	关键词	频次	序号	关键词	频次
7	urbanization	59	19	impacts	32
8	growth	56	20	performance	32
9	co2 emissions	54	21	management	29
10	model	48	22	land use	26
11	contamination	46	23	influencing factors	24
12	emissions	42	24	carbon emissions	23
13	air pollution	42	25	efficiency	23
14	consumption	39	26	agglomeration	22
15	heavy metals	38	27	productivity	22
16	policy	34	28	particulate matter	21
17	economic growth	33	29	area	20
18	source identification	32	30	climate change	20

根据表3-4可知，出现频次排名前5的关键词依次为spatial distribution、China、impact、city、pollution。结合文献检索结果，现有围绕区域产业空间分布所进行的研究仍以我国区域产业空间分布问题为主。例如，对区域内重金属排放的空间分布进行统计分析，发现重金属排放集中于我国北部、东部和南部沿海地区，并结合我国节能减排的需求，提出减少有毒重金属排放的综合对策[①②]；亦或对区域内协调工业生产与水污染控制问题展开讨论，针对我国某一区域的工厂运用聚类方法来估计水污染压力的空间分布，发现工业和政府的空间公平程度差异较大的问题[③]。除此之外，还有学者尝试通过空间计量模型探讨产业结构升级问题，发现地方固定资产投资水平和研发强度在显著水平上促进了地方产业结构升级过程[④]。不难发现，有关我国产业空间分布的研究更多地聚焦解决工业中的问题。反

---

① TIAN H Z, ZHU C Y, GAO J J, et al. Quantitative assessment of atmospheric emissions of toxic heavy metals from anthropogenic sources in China: Historical trend, spatial distribution, uncertainties, and control policies[J]. Atmospheric chemistry and physics, 2015, 15(17): 10127-10147.

② SUN C Y, LIU J S, WANG Y, et al. Multivariate and geostatistical analyses of the spatial distribution and sources of heavy metals in agricultural soil in Dehui, Northeast China[J]. Chemosphere, 2013, 92(5): 517-523.

③ ZHAO N, LIU Y, CHEN J N. Regional industrial production's spatial distribution and water pollution control: A plant-level aggregation method for the case of a small region in China[J]. Science of the total environment, 2009, 407(17): 4946-4953.

④ YAO L, LU J, SUN P J. Venture capital and industrial structure upgrading from the perspective of spatial spillover[J]. Sustainability, 2019, 11(23): 1-16.

观国外产业空间分布研究，同样呈现出此种特征。Goschin 等以罗马尼亚地区经济为案例，对能源资源的空间分布所引发的地区专业化问题进行讨论，并为以自然资源为基础的工业衰退地区提供了具体措施[1]。此外，国外学者发现垄断力量、技术集群的集聚经济、金融部门对非金融企业的力量是加剧区域之间不平等的主要原因，使各区域发展在空间上呈现两极分化[2]。区域产业空间分布问题可以说是区域经济发展的讨论重点。关于区域经济活动的空间分布及如何随时间而发生变化，Clark 对此展开了一定研讨[3]。然而，社会经济现象的区域差异和空间异质性加大了区域产业空间分布的复杂性，对此，有学者强调通过多领域框架和决策支持系统的优势来讨论区域产业空间分布问题[4]。

本研究进一步运用 CiteSpace 软件中的 LLR 算法对关键词进行聚类，得到聚类结果 Q=0.5091、S=0.7412，说明聚类结构显著且合理。同时，得到 8 个聚类，分别为#0 heavy metal、#1 spatial distribution pattern、#2 spatial-temporal variation、#3 pollution-intensive industries、#4 source apportionment、#5 temporal variability、#6 xian china、#7 comprehensive assessment（图 3-5）。经梳理，国外相关研究可归纳为以下几个方面。

（1）区域经济发展和特征。相关研究主要以不同地区的产业结构和经济特征为研究重点，包括不同地区之间的经济差异、产业聚集程度等内容的分析。研究者通过比较不同地区的经济状况，可以更清晰地了解不同地区的产业空间分布情况[5]。

（2）产业集聚与区域竞争力。研究者关注特定地理区域内相互关联的产业集群，分析其产业链条、企业之间的合作与竞争关系、创新能力等因素。通过研究

---

[1] GOSCHIN Z, CONSTANTIN D L, ZAHARIA R M, et al. The spatial distribution of energy resources, regional specialisation and implications for metallurgic industry. Empirical evidence from romania[J]. Metalirgia international, 2009, 14(4): 56-62.

[2] FELDMAN M, GUY F, IAMMARINO S. Regional income disparities, monopoly and finance[J]. Cambridge journal of regions economy and society, 2021, 14(1): 25-49.

[3] CLARK J. Reframing deindustrialization[J]. International journal of urban sciences, 2022, 26(1): 29-35.

[4] SALVATI L, ZITTI M, CARLUCCI M. In-between regional disparities and spatial heterogeneity: A multivariate analysis of territorial divides in Italy[J]. Journal of environmental planning and management, 2017, 60(6): 997-1015.

[5] ZHANG Y H, ZHENG Q W, YE S A. Spatial distribution characteristics and analysis of influencing factors on different manufacturing types in Shandong Province[J]. Plos one, 2023, 18(9): 1-18.

产业集聚现象，揭示其形成的原因、影响因素及对区域经济发展的重要性[①]。

（3）区域创新与科技转移。研究国外不同地区之间的创新活动和科技转移，包括科研机构、高校、企业等之间的合作与创新网络，以及创新资源的跨区域流动和利用情况。这些研究有助于研究者理解创新活动在不同地区之间的空间分布情况，以及其对区域经济的影响[②]。

（4）区域空间规划与发展政策。研究国外的区域空间规划和发展政策，包括城市化进程、土地利用规划、基础设施建设等方面的内容，探讨不同政策对产业空间分布和区域经济发展的影响[③]。

总的来说，国外产业空间分布研究主要关注区域经济差异、产业集聚、区域空间规划、创新和政策等方面的问题，旨在揭示和分析不同地区的产业空间布局特征，并为促进区域经济发展提供理论支持和政策支持。相关研究有助于研究者了解不同地区产业布局的规律和特点，为我国产业空间布局提供借鉴和参考。同时，研究国外的成功经验和问题，可以为优化我国产业空间布局、推动区域产业协调发展提供有益启示。

3.3.2 国内产业空间分布研究

本研究以中国知网核心文集（CSSCI、北大核心）为数据库，以中文关键词"产业空间分布"为检索词进行检索，共检索出342篇中文文献。为确保所选文献具有较高的参考价值，本研究进一步根据文献名称、摘要、关键词及正文内容，对所有检索出的文献进行二次筛选，剔除部分重复、相关度低、非学术研究等文献后，最终筛选出337篇中文文献。借助CiteSpace软件对337条数据进行关键词的共现图谱分析，得到如图3-6（彩图见二维码）所示的国内产业空间分布研究关键词共现图。其中，节点和关键词标签的字号越大，表明该关键词出现的频率越高。

[①] SOHN J. Industry classification considering spatial distribution of manufacturing activities[J]. Area, 2014, 46(1): 101-110.
[②] URSIC M. Characteristics of spatial distribution of creative industries in Ljubljana and the Ljubljana region[J]. Acta geographica Slovenica-geografski zbornik, 2016, 56 (1) : 76-88.
[③] LI J M, ZHANG W Z, CHEN H X. The spatial distribution of industries in transitional China: A study of Beijing[J]. Habitat international, 2015(49): 33-44.

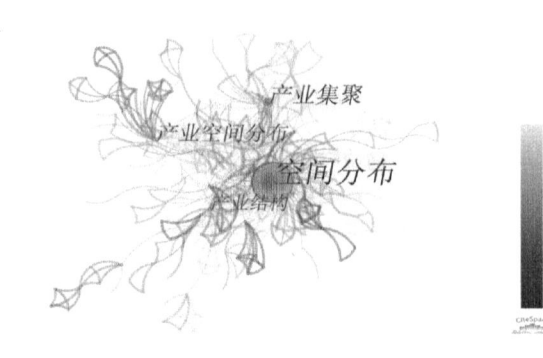

图 3-6　国内产业空间分布研究关键词共现图

进一步借助 CiteSpace 软件，采用对数似然比（log-likelihood rate，LLR），网络剪切方式为寻径法（Pathfinder），对 337 条数据进行关键词的聚类图谱分析，得到如图 3-7（彩图见二维码）所示的国内产业空间分布研究关键词聚类图。一般认为，$Q>0.3$ 则聚类社团结构显著，且 Q 值越大社团内部关系越紧密；$S>0.7$ 则认为聚类结果可信度较高。在图 3-5 中，聚类模块值 $Q=0.7225>0.3$，平均轮廓值 $S=0.9297>0.7$，可以认为聚类效果显著，结构合理。本次聚类共得到 16 个聚类，分别为#0 空间分布、#1 产业空间分布、#2 产业集聚、#3 产业结构、#4 中国、#5 第三产业、#6 区域差异、#7 产业分布、#8 上海、#9 产业链、#10 空间集聚、#11 乡村振兴、#12 时空分布模式、#13 核密度、#14 产业变迁，#15 休闲业。

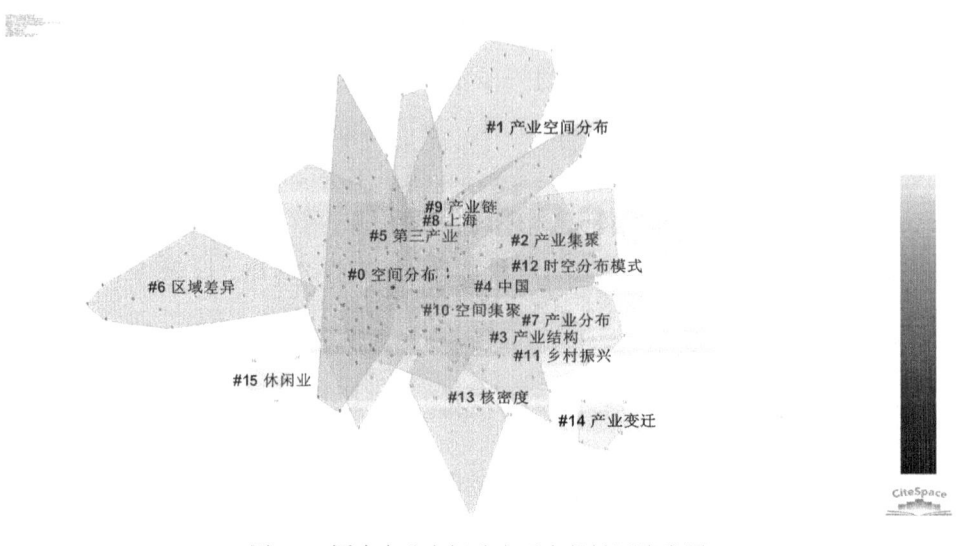

图 3-7　国内产业空间分布研究关键词聚类图

将各城市的聚类信息进行整理,得到国内产业空间分布研究关键词聚类表(表3-5),其中轮廓值反映了该聚类节点的密度和联系程度[①]。对文献进行分析,可以发现国内学者关于产业空间分布的研究主要集中在对产业空间分布的现状和特征研究、对产业空间分布的影响因素研究两个方面。

表3-5 国内产业空间分布研究关键词聚类表

编号	聚类标签	聚类规模	轮廓值	年份	主要关键词
#0	空间分布	66	0.896	2013	北京;产业集聚;产业;专利;东海;旅游业;东北地区;产业空间分布;产业结构
#1	产业空间分布	34	0.977	2010	长江三角洲地区;贸易自由度;空间分布;产业转移;创意产业集聚;现状研究;人力资本;空间分布特征
#2	产业集聚	29	0.939	2014	Kernel密度估计;产业集群;Markov链;市场规模;高技术产业;区域分布;企业集聚;交易费用
#3	产业结构	23	0.942	2011	ESDA;主成分分析;太湖流域;产业规划;物流业;专门化;产业发展;空间差异
#4	中国	23	0.845	2014	影响因素;城市群;区位因素;地理探测器;碳排放;产业区位;公路建设;工业区
#5	第三产业	19	0.973	2004	生产性服务业;产业关联;信息产业;第四产业;服务业;武汉市;国民经济;区域比较
#6	区域差异	16	0.994	2010	收入分配;经济增长;空间经济学;基尼系数改变率;知识创新;空间分布;产业空间分布;产业结构
#7	产业分布	16	0.904	2016	市场接近效应;资本区位选择;金融契约执行效率;交通运输成本;Rosen-Roback模型;空间分析

---

① 李纲,李昱瑶,谢子霖,等. 混合关键词选择策略对共词分析效果的影响研究[J]. 情报理论与实践,2017,40(11):110-116.

续表

编号	聚类标签	聚类规模	轮廓值	年份	主要关键词
#8	上海	15	0.903	2010	城市空间结构；空间分异；密度梯度；城市空间；从业劳动力；Ls模型；创意产业；资本溢出
#9	产业链	14	0.92	2009	指向性；选择效应；二重性；企业异质性；企业同质性；优区位；空间特征；双向迁移；区域经济
#10	空间集聚	13	0.846	2008	制造业；区位因子；中心—边缘结构；产业特征；地区特征；高端产业；京津冀城市群；动态测度
#11	乡村振兴	11	0.949	2020	产业结构高级化；主体功能区；逐步回归分析；空间分布差异；灰色关联分析；产业融合；核密度估计
#12	时空分布模式	11	0.99	2008	空间聚类；海洋渔业；遥感；GIS；空间分布；产业集聚；产业空间分布；产业结构；制造业；影响因素；集聚
#13	核密度	10	0.954	2013	核密度；集聚；地理集中；负二项分布；区位策略；信息服务业；西安市区；ArcGIS；最邻近距离法
#14	产业变迁	7	0.993	2018	都市区(圈)；中心城市；人口空间分布；空间分布；产业集聚；产业空间分布；产业结构；中国；制造业
#15	休闲业	5	0.999	2021	市场接近效应；收入分配；区位因子；经济增长；Markov链；优势产业；创意产业集聚；空间经济学

（1）产业空间分布的现状和特征研究。相关研究主要从我国各地区产业空间分布的现状出发，探讨产业空间分布的特征等。方叶林等和陆佩等以中国特色小镇为研究目标，分析特色小镇的空间分布规律和特征，并针对不同类型的特色小镇提出相应的建议，有利于优化产业结构，引导我国特色小镇发展[1][2]。在

---

① 方叶林，黄震方，李经龙，等.中国特色小镇的空间分布及其产业特征[J].自然资源学报，2019，34（6）：1273-1284.
② 陆佩，章锦河，王昶，等．中国特色小镇的类型划分与空间分布特征[J]．经济地理，2020，40（3）：52-62.

体育领域中，一些学者同样关注到体育产业空间分布的重要性，并对此展开研究。例如，以武汉城市圈的体育产业为研究对象，从理论和实践方面对区域体育产业空间布局进行探讨，并就如何提升城市圈体育产业集群的竞争力提出相关建议[①]。一些学者通过创新研究方法，对区域体育产业空间分布展开实证研究。例如，邹玉享采用Kernel密度估计和Markov链方法，对我国体育产业的空间分布进行了实证分析，发现我国体育产业空间分布呈现非均衡特征，东部和中部的集聚水平都有所下降[②]。与此同时，魏和清等则聚焦更为细分的体育产业领域，从空间布局和空间关联方面探讨了我国体育制造业、体育服务业和体育建筑业的空间分布特征，以期通过合理布局来促进我国体育产业的发展[③]。

（2）产业空间分布的影响因素研究。这类研究主要是探讨不同产业空间分布的影响因素。针对国内制造业空间分布影响因素研究，李君华和彭玉兰根据比较优势、新经济地理学、马歇尔外部性和前人的经验建立理论模型，发现对外开放、城市化、工业基础的增强、交通设施的改善和地方保护主义的削弱将非常有利于我国制造业的进一步集聚[④]。薛莹等、褚岚翔和黄丽、傅祎頔等则分别对不同地区的文化创意产业的空间分布的影响因素进行探索，认为各地区的文化、地理位置、社会经济等条件差异，会导致文化创意产业的地理分布存在差异，并为文化创意产业总体布局的合理调控提供认识依据[⑤][⑥][⑦]。在旅游产业方面，白子怡等、李冬花等、张九月等分别对不同地区的旅游产业空间分布影响因素进行了探讨，基本认为其主要受自然因素、经济因素、人文因素和政治因素的影响，并对各地旅游产业空间格局优化提出了建议，以此降低成本、促进旅游业

---

① 游战澜，雷选沛. 武汉城市圈体育产业集群空间布局及其竞争力研究[J]. 江汉论坛，2010（4）：29-32.
② 邹玉享. 中国体育产业集聚水平的空间分布及其演进趋势[J]. 统计与决策，2014（8）：137-139.
③ 魏和清，冒小栋，李颖. 我国体育产业的空间分布及区位布局对策研究[J]. 北京体育大学学报，2019，42（9）：29-39.
④ 李君华，彭玉兰. 中国制造业空间分布影响因素的实证研究[J]. 南方经济，2010（7）：28-40.
⑤ 薛莹，刘婷，寻丹丹. 杭州文化创意特征产业的空间分布及其影响因素[J]. 世界地理研究，2018，27（6）：98-107.
⑥ 褚岚翔，黄丽. 影响文化创意产业园区空间分布的地理区位因素分析——以上海为例[J]. 现代城市研究，2019（1）：37-41，81.
⑦ 傅祎頔，伍世代，汪星，等. 福州市文化创意产业园空间分布特征及影响因素分析[J]. 福建师范大学学报（自然科学版），2020，36（6）：105-116.

高质量发展[1][2][3]。郑光辉等、潘子纯等、李建辉和陈琳分别对区域农业产业空间分布的影响因素进行了探讨，并据此提出促进农业产业发展、优化农业空间布局的措施与建议[4][5][6]。在体育领域中，马宏智等运用赫芬达尔-赫希曼指数、空间自相关分析和空间面板计量经济学模型，对我国电子竞技产业空间分布特征及其影响因素进行分析，发现经济水平、产业结构、人力资源、政府政策、创新环境、经济外向度、用户规模是影响我国电竞产业空间分布的主要因素[7]。

综上，国内现有关产业空间分布研究主要聚焦产业空间分布的现状特征和影响因素方面，其中，工业、农业、旅游业、建筑业和文化产业等领域的研究成果较多，而以体育产业空间分布为主题的研究较少。因此，相关领域的研究仍待进一步探索和深入分析，未来研究可充分借鉴各学科相关研究成果、研究视野、思路和方法，进一步丰富体育产业空间分布的研究内容。

3.3.3 国内外文献评述

本研究分别就研究主题、研究内容和成果、研究应用和意义3个方面简要概括国内外相关研究。

（1）研究主题。国内外区域产业空间分布研究涉及多方面，主要集中于产业集聚、产业空间分布、产业结构等研究主题。

（2）研究内容和成果。国内外学者在该领域的研究成果较多，其中一些研究关注了不同产业的空间集聚和分布规律，另外一些研究侧重于区域产业发展的影响因素，但以体育产业空间分布为主题的研究仍占少数。

---

[1] 白子怡，薛亮，严艳. 基于GIS的旅游景区空间分布特征及影响因素定量分析：以云南省A级旅游景区为例[J]. 云南大学学报（自然科学版），2019，41（5）：982-991.

[2] 李冬花，张晓瑶，陆林，等. 黄河流域高级别旅游景区空间分布特征及影响因素[J]. 经济地理，2020，40（5）：70-80.

[3] 张九月，胡希军，朱满乐，等. 长株潭城市群3A级及以上旅游景区空间分布特征及影响因素[J]. 西南大学学报（自然科学版），2021，43（9）：162-172.

[4] 郑光辉，蒋涤非，栾永飞，等. 乡村振兴背景下的贵州农业产业空间分异[J]. 山地学报，2021，39（3）：429-438.

[5] 潘子纯，马林燕，王丽英，等. 中国农村产业融合发展示范园的空间分布特征及影响因素[J]. 长江流域资源与环境，2023，32（1）：207-220.

[6] 李建辉，陈琳. 长江经济带农业产业强镇空间分布特征及影响因素分析[J]. 测绘通报，2023（2）：155-160，166.

[7] 马宏智，钟业喜，张艺迪. 中国电子竞技产业地理集聚特征及影响因素[J]. 地理科学，2021，41（6）：989-997.

（3）研究应用和意义。国内外产业空间分布研究在实践中具有一定的应用价值。对于政府和决策者来说，该研究可以揭示不同地区产业发展的特点和需求，从而提供科学的政策指导。对于企业来说，了解不同区域产业的空间分布可以为其选择落地点和开展合作提供参考。

综上，国内外产业空间分布的相关研究揭示了该领域已有的研究成果和应用前景，同时也指出了未来的研究方向和挑战，相关领域的研究仍然存在一些亟待解决的问题。例如，如何解释不同产业在不同区域的空间分布规律？如何量化和评估产业发展的空间效应？未来研究可以进一步整合新的数据源和研究方法来回答以上问题。

4 成渝地区双城经济圈体育产业发展现状

在国家区域协调发展战略大局中，成渝地区双城经济圈扮演着重要角色。本部分首先就成渝地区双城经济圈的概念进行阐述，进一步明确成渝地区双城经济圈体育产业在区域经济发展中的地位、作用和发展状况。结合成渝地区双城经济圈实际，提出成渝地区双城经济圈体育产业的发展困境，为后续研究进行铺垫。

4.1 成渝地区双城经济圈概述

4.1.1 概念的提出

成渝地区具有丰富的自然资源和优美的生态环境，是我国重要的综合交通枢纽。近年来，我国西部大开发战略的实施、交通基础设施的建设及"一带一路"倡议的推动，对西南地区经济发展的影响逐渐增强，区域之间交流日益频繁，从而带动了体育产业快速成长，并推动成渝经济区持续健康发展，这对于西南地区的发展具有重要的战略意义。成渝两地政府的合作历来已久，早在2001年底，成都主要领导赴重庆签订《重庆—成都经济合作会谈纪要》，提出打造成渝经济走廊。2004年2月，川渝两地的合作更近一步，重庆党政代表团奔赴四川考察，双方提出"1+6"合作协议。2007年4月，两地共同签署了《关于推进川渝合作共建成渝经济区的协议》，首次共同确定了成渝经济区的地理范围。2015年5月21日，重庆和四川签署《关于加强两省市合作共筑成渝城市群工作备忘录》。2018年6月6—7日，四川党政代表团赴重庆学习考察。2019年7月9—10日，重庆党政代表团赴四川学习考察，签署了《深化川渝合作推进成渝城市群一体化发展重点工作方案》。直到2020年1月3日，习近平总书记在中央财经委员会第六次会议上首次提出成渝地区双城经济圈的概念，会议强调使成渝地区成为具有全国影响力的重要经济中心。随后同年10月16日，中共中央政治局召开会议，审议《成渝地区双城经济圈建设规划纲要》；2021年10月20日，《成渝地区双城经济圈建设规划纲要》正式发布，成为指导成渝地区双城经济圈建设的纲领性文件，为后续相关规划和政策的制定落实提供了更为明确的方向。

从最初的成渝经济走廊到成渝经济区再到成渝城市群，最后转变到中央财经委员会提出的成渝地区双城经济圈，背后的逻辑是更加注重经济的协同发展，更加深度聚焦、精准发力，强调成都和重庆主城区两个中心城市、两个都市圈的统筹协调和引领带动作用[1]。成渝地区双城经济圈这一概念的提出，是我国经济发展战略布局中的一项重要举措。这一经济圈以成都和重庆两座城市为核心，旨在打造一个具有国际竞争力的现代化大城市群，推动成渝地区经济社会的全面发展。成都和重庆两座城市在经济上具有很强的互补性，成都作为西南地区的中心城市，具有较为完善的产业体系和城市基础设施，以及丰富的科技资源和人才优势。重庆则依托其独特的地理位置和自然资源，发展起强大的制造业和物流业。两座城市通过协同发展，可以有效地实现资源共享和优势互补，推动成渝地区经济的全面发展。另外，成渝地区双城经济圈的提出也是为了更好地适应全球经济发展的趋势。随着全球经济结构的调整和新兴市场的发展，我国经济面临着巨大的机遇和挑战。成渝地区双城经济圈的提出，旨在打造一个具有国际竞争力的现代化大城市群，推动我国经济的转型升级和高质量发展。此外，成渝地区双城经济圈的提出还有利于优化区域发展格局。在过去的几十年中，我国经济的发展主要集中在东部沿海地区，而西部地区经济的发展相对滞后。成渝地区双城经济圈的提出，旨在推动西部地区的快速发展，优化全国的区域发展格局，实现全面建设社会主义现代化国家的目标。成渝地区双城经济圈的提出，是中国经济发展战略布局中的一项重要举措。同时，这一概念的提出也有利于优化区域发展格局，推动我国经济的转型升级和高质量发展。

4.1.2 区域的划分

成渝地区双城经济圈是"一带一路"经济发展带的重要组成部分，位于长江

---

[1] 国家发展和改革委员会. 推动成渝地区双城经济圈建设 打造高质量发展重要增长极[EB/OL]. （2021-10-21）[2023-05-09]. https://www.ndrc.gov.cn/xxgk/jd/jd/202110/t20211021_1300636_ext.html.

经济带和"一带一路"的交汇处。它以复杂的地理环境、多元优美的地质与山川景观、悠久的历史及深厚的民族文化底蕴而著称，是我国西南地区重要的经济发展区。该区域内有着丰富的山水资源和独特的自然风光，拥有我国西南地区最密集的人口，产业基础最雄厚、市场经济潜力巨大、文化传承与科研能力卓越。因此，它在我国经济社会发展大局中起到至关重要的作用。

对于区域的划分有着多种方式，其中常见的有以下几个主要方式：基于经济政策的划分、基于自然地理和科研成果的划分、行政区划等。2021年10月20日，中共中央、国务院印发了《成渝地区双城经济圈建设规划纲要》，对成渝地区双城经济圈的范围界定作出了详细的描述，其范围包括重庆的中心城区及万州、涪陵、綦江、大足、黔江等27个区（县）及开州、云阳的部分地区，四川的成都、自贡、泸州、德阳、绵阳（除了平武、北川）、遂宁、内江、乐山、南充、眉山、宜宾、广安、达州（除了万源）、雅安（除了天全、宝兴）、资阳等15个市，高达18.5万平方公里总面积的土地被广泛利用。

成渝地区双城经济圈的经济状况总体较好，呈现出持续稳定增长的趋势。并且，在遭受了全国疫情的严重冲击下，2021年，成渝地区双城经济圈地区生产总值仍能达到7.39万亿元，同比增长8.5%，增速较2020年提高4.5%，经济总量占全国和西部地区的比重分别提高到6.5%、30.8%。2022年，成渝地区双城经济圈实现地区生产总值77587.99亿元，这一数字占全国的比重为6.4%，占西部地区的比重为30.2%；地区生产总值比2021年度增长3.0%，与全国持平。成渝地区双城经济圈不断提升其经济实力和发展质量，充分展现了此区域经济的韧性与引领带动作用。

成渝地区双城经济圈的区域划分主要基于以下几个方面。

（1）地理位置：成渝地区包括成都和重庆两大城市及其周边地区。其中，成都为四川省会，位于四川盆地中部；重庆位于长江上游沿线，地处四川的东南方向，两地地理位置相对集中，相互靠近。

（2）经济联系：成都和重庆作为成渝地区双城经济圈的两大核心城市，它们之间有较为密切的经济联系。两地之间有多条高速公路、铁路和航空线路连接，便利了人员和物资的流动。此外，两地通过成渝铁路、成渝高速公路等交通基础设施的建设，进一步加强了经济上的联系。

（3）产业互补：成渝地区的产业结构互补性强，成都和重庆的经济发展密不可分，成都拥有先进的电子信息、装备制造、生物医药及其他高科技产业，而重庆则在汽车、石油、冶金和其他重型企业等方面占据优势，两地在产业链上有良好的衔接和协同发展的潜力，形成成渝地区双城经济圈。

（4）政策支持：我国政府将成渝地区确定为西部大开发的重要区域，并出台了一系列政策措施来支持该地区的经济发展，包括建设成渝经济区、成渝两地自贸试验区等，这些相关政策的出台为成渝地区双城经济圈的经济发展提供了有力的支持。

4.2 成渝地区双城经济圈体育产业在区域经济发展中的地位和作用

4.2.1 促进西部地区的经济发展

体育产业作为新兴产业、朝阳产业及绿色产业，其不但能融合第二、第三产业，优化产业结构，而且能带动经济发展，推动经济的可持续性发展。推动成渝地区体育产业协同发展，能够加快成渝地区双城经济圈的建设，优化成渝地区双城经济圈的产业结构，助推成渝地区双城经济圈的高质量发展。成渝地区体育产业的协同发展需要开展全方位合作，既要做到全区域合作，又要保障全项目合作，最大限度促进成渝地区双城经济圈内资源要素的高效流动。

成渝地区将通过共同举办体育赛事活动、共同建设体育品牌企业、共同打造体育旅游线路、共同建设体育产业集聚地等方式，整合区域内的体育资源，优化成渝地区体育产业结构；引进国内外优质体育资源，促进体育产业国内贸易和国际贸易的高质量发展。更为重要的是，成渝地区体育产业的密切合作不仅能够拉动两地的体育消费，还能够带动其他产业消费，拉动成渝地区的经济增长。2020年，成都体育产业贡献率为5.54%，重庆体育产业贡献率为0.92%；2021年，成都体育产业贡献率为2.42%，重庆体育产业贡献率为1.34%；2022年，成都体育产业贡献率为3.96%，重庆体育产业贡献率为1.17%。观察数据可以发现，成都2020—2021年体育产业贡献率下降，这可能是由疫情及其他产业的快速发展所致，并不能直接说明体育产业的经济拉动作用在减弱，2021—2022年体育产业的贡献率开始回升，这与城市适应疫情生活密切相关，许多赛事也在疫情防控的情况下展开，并产生经济效益。随着疫情防控的结束，各项赛事顺利举办，各旅游线路全面开放。重庆2020—2021年的体育产业贡献率呈上升趋势，2022年则出现了微弱的下滑。从整体来看，2021—2022年体育产业贡献率下滑，并不能表示重庆体育产业对于经济的拉动作用下降，因为不同因素之间是相互影响的，各产业或最终需求贡献率存在着此消彼长的关系。能够看出重庆体育产业的贡献率2021—2022年维持在1%左右，对于经济的拉动作用趋于稳定。

未来，成渝地区体育产业的协同发展将会更好地带动两地体育产业的发展，增强成渝地区体育产业对于经济的拉动作用。成渝地区作为连接东西部的枢纽，它的经济发展能够带动西部地区的经济增长，缓解东西部区域发展不平衡的问题。因此，构建成渝地区双城经济圈体育产业协同发展机制，既能拉动成渝地区双城经济圈经济增长，为新时代西部大开发注入新的动力，又能为推动构建以国内大循环为主体、国内国际双循环相互促进的新发展格局作出新的贡献。

4.2.2　促进体育产业高质量发展

高质量发展是能够满足人民日益增长的美好生活需要的发展，是体现新发展理念的发展，是创新成为第一动力、协调成为内生特点、绿色成为普遍形态、开放成为必由之路、共享成为根本目的的发展。成渝地区双城经济圈体育产业协同发展不仅有利于区域内经济总量的增长，还对实现区域内经济和体育产业的高质量发展起到至关重要的作用。

（1）成渝地区双城经济圈体育产业协同发展能够激活体育消费，推动体育产业高质量发展。据相关数据显示，2021—2022年，四川体育消费总规模由1609.49亿元升至1677.49亿元，呈稳步上升趋势。成都体育消费总规模由533.7亿元升至578.6亿元，人均消费超过2700元。成渝地区双城经济圈体育产业的协同发展能够进一步推动两地共同组织开展体育消费活动，2023年，成渝地区的体育消费品牌活动主要是"巴山蜀水·运动川渝"体育旅游休闲消费季，该活动不仅设置了体育项目互动体验区，还采取了线上线下同步领取方式发放惠民消费券，进一步促进了市民体育消费。未来，成渝地区能够共同组织开展更多的体育消费活动，持续激发成渝地区双城经济圈体育消费活力，推动体育产业的高质量发展。

（2）成渝地区双城经济圈体育产业协同发展能够培育高质量体育赛事，推动体育产业高质量发展。成渝两地共办赛事是协同发展的具体表现之一。截至2023年，成渝两地已经共同成功举办了多场比赛，已初步具备共同办赛的经验，未来，成渝两地将共同加大赛事供给力度，共同举办更多户外赛事，优化赛事结构，提高赛事观赏性，利用新媒体加大转播力度，共同打造品牌赛事，发展赛事经济，推动体育产业高质量发展。

（3）成渝地区双城经济圈体育产业协同发展能够改善体育产业结构，推动体育产业高质量发展。成渝地区主要以体育服务业为主，仅2022年成都体育服务业增加值占比为77.57%，重庆体育服务业增加值占比为73.1%。成渝地区体育产业的协同发展，不仅能进一步提升体育服务业的比重，还能提高体育服务业质量。针对体育用品制造业，2022年，成都体育用品及相关产品制造业增长较快，但其增加值占比为17.73%。根据2022年重庆体育产业统计数据，体育用品及相关产品制造增加值占比22.5%，仅次于体育服务业。在成渝地区体育产业协同发展背景下，创新成为体育用品制造业发展的核心要素，不断推动大数据、人工智能等新兴技术在体育制造领域的应用。因此，成渝地区双城经济圈体育产业的协同发展能够推动体育产业的高质量发展。

（4）成渝地区双城经济圈体育产业协同发展能够完善产业政策，推动体育产业高质量发展。成渝地区的政府部门须根据成渝地区体育产业的发展需求，统筹协调各级政策，完善产业政策，优化政策营商环境，特别是落实已有税费政策、加强知识产权保护、加大金融支持力度等，为区域体育产业的高质量发展提供政策保障。

4.2.3 增加成渝地区的就业机会

就业是稳定民生之本、社会经济发展之基，一个国家的就业情况会对社会的和谐稳定造成影响。我国作为一个人口大国，背负着巨大的就业压力，稳定和扩大就业的任务十分繁重。随着我国经济的数字化转型，传统制造业的就业弹性系数明显下降，而作为现代服务业代表性产业之一的体育产业却保持着旺盛的就业需求，其在社会就业中发挥的增量作用日益明显。据调查数据显示，2019年，全国体育领域从业人员数为505.1万，同2015年相比增加39.03%，年平均增长率为8.59%，远高于同期全国非农就业人员的年均增速（0.85%）。2021年，全国体育领域从业人员更是增至718.6万。此外，《体育产业发展"十四五"规划》中也提出，到2025年体育产业从业人员超过800万。随着体育产业的不断发展壮大，其释放出越来越多的就业岗位，在促进就业方面起到了重要作用。近年来，成渝地区体育产业的发展呈现出稳步上升的趋势，不仅带动了相关产业链的发展，还提供了大量的就业机会。成渝地区双城经济圈的稳步发展更进一步推动了这一良好的发展势头，为社会就业提供了广阔的空间和平台。据调查显示，"十二五"期间四川新增社会体育指导员达14万人，"十三五"期间四川各级各类社会指导员达23.3万人，而"十四五"四川体育事业发展的基本原则强调进一步增加社会指导员数量，同时，推动体育产业从业人员超过40万人。随着成渝地区体育产业的快速发展，各种体育场馆、健身设施出现，成渝地区体育产业的发展不仅带动了建筑、旅游、交通等相关产业的发展，还创造了大量的就业机会，这些就业机会涵盖了从体育设施建设、运营到赛事组织、运动员培训等方面。截至2018年末，体育健身休闲活动类从业人员已达7.3万余人。2018—2022年，体育健身休闲活动类总产出从77.88亿元增至178.1亿元，在此背景下，四川体育产业吸纳就业人员的潜力不断释放。新的经济形势下，体育产业也在不断创新发展。例如，电子竞技、网络直播等新业态在成渝地区体育市场中的份额不断增长，为市场提供了新的就业机会。这些新业态不仅需要专业的技术人才，还需要市场营销、数据分析等各方面的专业人才，为成渝地区提供了大量的就业机会。在新常态背景下，服务业已经成为我国吸纳就业人口最大的领域，而体育产业是服务业的重要组成部分，具有资本密集度低、产业进入门槛不高、劳动密集度高等特点。它不仅能够为人们提供多样化服务，还能够提供多样化体育产品，能够为人们提供更多的就业机会，吸纳我国大量剩余的劳动力，以此来促进各地区经济的高质量发展。体育产业的入门门槛不高，市场容量大，且所需的相关人才数量多，劳动岗位密集，能够为社会提供更多的就业机会，解决就业困难问题。总的来说，成渝地区体育产业的稳步发展为社会就业提供了广阔的空间和平台。成渝地区双城经济圈的发展进一步推动了这一良好的发展势头，为成渝地区的居民增加了更多的就业机会。未来，随着成渝地区体育产业的持续发展和双城经济圈建设的深入推进，成渝地区的居民将获得更多的就业机会，生活质量也将得到进一步提高。

4.2.4 有效带动相关产业的发展

相关是一个科学和统计学概念，是指两个事物之间的联系关系。体育行业的相关产业是指与体育产业存在某种必然联系的产业，即以体育为载体，向消费者间接提供各种产品与服务的生产与经营活动。从体育领域的视角来看，体育的相关产业可被分为以下 3 类：①体育用品与装备产业；②体育设施与服务产业；③体育赛事与娱乐产业。除此之外，还涉及其他细分领域，这些产业之间相互交织与影响，共同构成整个体育产业。

成渝地区双城经济圈拥有极为宝贵的地缘条件，位于长江经济带和"一带一路"的交汇之处，具有得天独厚的地理优势和丰富的自然资源，这也使它成为拥有 4 个万亿级产业的经济社会发展区域，这些重点建设的万亿级产业包括电子信息、汽车行业、装备制造、消费品产业等。除此之外，成渝地区的体育产业正日益成为支柱性产业，成为社会经济发展的新动力，并在其中占据着越来越重要的地位。

在国家政策指引和战略推动下，成渝地区的体育产业为文体旅产业的发展带来了新的时代机遇，这形成了良好的发展态势，迎来了前所未有的发展机会。两地的文体旅部门深入探讨如何更有效地开展双边合作以促进共同繁荣，签订了相关合作协议来加快彼此之间的合作交流。从具体情况来看，四川主要以打造各类特色小镇、开展各类体育赛事为主；重庆则主要通过打造精品路线、赛事和基地的方式，将文体旅产业一体化集成。以第六届重庆市体育旅游产业发展大会为例，会议期间举办了川渝体育旅游精品项目推介、川渝体育旅游嘉年华等系列活动。根据调查数据显示，大会期间，重庆南川接待的游客同比增长65%、实现旅游综合收入同比增长达到126%。同时，成渝地区双城经济圈内文体旅产业的融合发展也是实现西南地区绿色可持续发展的关键路径之一。

将体育赛事作为驱动力量，加快两地文体旅资源要素自由流通。以"成渝系列"品牌赛事为引领，充分利用巴蜀文化特色，将巴蜀文化元素植入其中，激活当地的经济活性，提升当地的社会经济水平，有效提高当地人民的生活质量。同时，建立和完善当地的文体旅产业，不仅可以有效提升当地的经济社会活力，还可以促进当地社会和经济的协调发展。

成渝地区双城经济圈的体育产业具有有效带动相关产业的良性作用，具体表现在以下方面。

（1）成渝地区拥有丰富的旅游资源和独特的自然景观，随着近年来体育旅游成为一种新兴的旅游形式，各类体育赛事与活动的举办也吸引了大批游客和观众前来参与体验，促进和推动着成渝地区旅游业的多元化发展。

（2）体育赛事活动的举办带动人流量的增加，需要大量服务性产业（如餐饮业、住宿业等）的支持，各类赛事活动期间，促进了酒店和餐饮行业的需求增长，从而带动了相关产业的发展。

（3）体育产业的发展促使人们增加了对运动和健康生活方式的关注，进而推动了人们对运动装备、运动器材和健康食品等消费品的需求。体育赛事和活动的举办也提供了体育用品和相关商品销售的机会，推动了零售业的增长与发展。

（4）体育赛事和各类运动活动吸引了大量的媒体关注和宣传，推动相关的广告和宣传活动。并且，体育赛事赞助商和广告商可以通过赛事合作，提高品牌知名度和市场影响力，为媒体和广告业提供了商机。

（5）体育赛事和运动活动的举办鼓励更多的社会居民参与其中，提升了整个社会的健康意识和健康需求，推动了健身房、健康指导等健康与健身产业的发展。除此之外，体育产业的发展也促进了体育教练和培训机构的需求增长，推动了教育和培训产业的发展。

综上可知，成渝地区双城经济圈体育产业的协同发展不仅带动了体育产业本身的发展，还对旅游、餐饮、住宿、零售、消费品、媒体与广告业及健身产业、教育和培训等相关产业产生了积极的影响，促进了经济的多元化和综合发展，有助于推动成渝地区的经济增长和社会的进步，并且互联网产业也会因参与体育活动的人增加而受益。此外，体育用品制造业提升了运动器材、服装等体育用品制造技术，带动了传统产业形态的变化。

总体而言，成渝地区双城经济圈体育产业协同发展对于带动相关产业发展的作用是显著的，这也需要社会各界的大力支持和共同努力，既要有政府之间的通力协作，又要有社会各界自发的交流。此外，成渝地区自身要做到不断创新，以促进相关产业的技术水平提升，为行业发展提供新的机遇和发展动力，克服成渝分治带来的沟通障碍，加快各类资源要素的高效流动。

4.3 成渝地区双城经济圈体育产业的发展趋势与特点

4.3.1 成渝地区双城经济圈体育产业规模持续扩大

4.3.1.1 我国体育产业总体发展情况

依据宏观经济学、产业经济学、国民经济核算原理的有关理论，总结和借鉴联合国及西方发达国家学术界有关体育产业的概念界定，结合我国体育产业发展现实情况，本研究对体育产业作出如下界定：体育产业是指为满足人们观赏体育赛事与表演活动及参与体育健身活动需求，而从事体育产品生产的组织和部门的集合。2019 年，国家体育总局、国家统计局发布《体育产业统计分类（2019）》，其中对 5 个大类的名称进行了调整，最终确定了我国体育产业包括体育管理活动、体育竞赛表演活动、体育健身休闲活动等共计 11 个大类。

国家体育总局、国家统计局联合发布的 2016—2021 年全国体育产业总规模和增加值数据公告显示，2016 年，我国体育产业总规模（总产出）为 1.90 万亿元，较 2015 年增长 11.1%；2017—2021 年，我国体育产业总规模（总产出）分别达到 2.20 万亿元、2.66 万亿元、2.95 万亿元、2.74 万亿元、3.12 万亿元，如图 4-1 所示。从名义增长来看，2017—2021 年，我国体育产业总产出（总规模）分别增长 15.7%、20.1%、10.9%、-7.2%、13.9%。从整体增长速度上来看，2020 年受疫情影响，我国多数体育产业类别增加值出现下滑。例如，体育用品及相关产品制造增加值为 3144 亿元，较 2019 年下降 1.1%。总体而言，2016—2019 年我国体育产业整体规模呈现上升趋势，但 2020 年受疫情影响我国体育产业总产出较 2019 年下降 2111 亿元。在疫情防控常态化下，2021 年我国体育产业总规模（总产出）有所回升，并首次突破 3 万亿元大关。

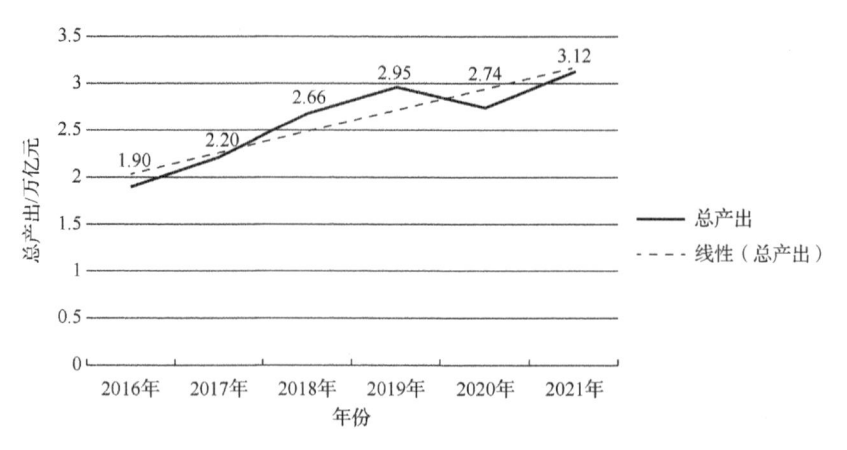

图 4-1 2016—2021 年我国体育产业总规模（总产出）

从我国体育产业内部结构及 11 个大类来看，2016—2021 年我国体育服务业保持快速发展势态，增加值在体育产业中的比重逐渐攀升，从 2016 年的 55% 上升到 2017 年的 57%；在 2020 年受疫情影响下，增加值达到 7374 亿元，占体育产业增加值的比重为 68.7%，比 2019 年提高 1%，如表 4-1～表 4-3 所示。

表 4-1 2016—2017 年国家体育产业总产值和增加值

体育产业类别名称	2016 年总量/亿元 总产出	2016 年总量/亿元 增加值	2016 年结构/% 总产值	2016 年结构/% 增加值	2017 年总量/亿元 总产值	2017 年总量/亿元 增加值	2017 年结构/% 总产值	2017 年结构/% 增加值
国家体育产业	19011.3	6474.8	100.0	100.0	21987.7	7811.4	100.0	100.0
体育管理活动	287.1	143.8	1.5	2.2	504.9	262.6	100.0	100.0
体育竞赛表演活动	176.8	65.5	0.9	1.0	231.4	91.2	2.3	3.4
体育健身休闲活动	368.6	172.9	1.9	2.7	581.3	254.9	1.1	1.2
体育场馆服务	1072.1	567.6	5.6	8.8	1338.5	678.2	2.6	3.3
体育中介服务	63.2	17.8	0.3	0.3	81.0	24.6	6.1	8.7
体育培训与教育	296.2	230.6	1.6	3.6	341.2	266.5	0.4	0.3

续表

体育产业类别名称	2016年总量/亿元 总产出	2016年总量/亿元 增加值	2016年结构/% 总产值	2016年结构/% 增加值	2017年总量/亿元 总产值	2017年总量/亿元 增加值	2017年结构/% 总产值	2017年结构/% 增加值
体育传媒与信息服务	110.4	44.1	0.6	0.7	143.7	57.7	1.6	3.4
其他与体育相关服务	433	179.7	2.3	2.8	501.6	197.2	0.7	0.7
体育用品及相关产品制造	11962.1	2863.9	62.9	44.2	13509.2	3264.6	2.3	2.5
体育用品及相关产品销售、贸易代理与出租	4019.6	2138.7	21.1	33.0	4295.2	2615.8	61.4	41.8
体育场地设施建设	222.1	50.3	1.3	0.8	459.6	97.8	19.5	33.5

表4-2 2018—2019年国家体育产业总产值和增加值

体育产业类别名称	2018年总量/亿元 总产值	2018年总量/亿元 增加值	2018年结构/% 总产值	2018年结构/% 增加值	2019年总量/亿元 总产值	2019年总量/亿元 增加值	2019年结构/% 总产值	2019年结构/% 增加值
国家体育产业	26579	10078	100.0	100.0	29483.4	11248.1	100.0	100.0
体育管理活动	12732	6530	47.9	64.8	14929.5	7615.1	50.6	67.7
体育竞赛表演活动	747	390	2.8	3.9	866.1	451.9	2.9	4.0
体育健身休闲活动	292	103	1.1	1.0	308.5	122.3	1.0	1.1
体育场馆服务	1028	477	3.9	4.7	1796.6	831.9	6.1	7.4

续表

体育产业类别名称	2018年总量/亿元 总产值	增加值	2018年结构/% 总产值	增加值	2019年总量/亿元 总产值	增加值	2019年结构/% 总产值	增加值
体育中介服务	2632	855	9.9	8.5	2748.9	1012.2	9.3	9.0
体育培训与教育	317	106	1.2	1.1	392.9	117.8	1.3	1.0
体育传媒与信息服务	1722	1425	6.5	14.1	1909.4	1524.9	6.5	13.6
其他与体育相关服务	500	230	1.9	2.3	705.6	285.1	2.4	2.5
体育用品及相关产品制造	4116	2327	15.5	23.1	4501.2	2562.0	15.3	22.8
体育用品及相关产品销售、贸易代理与出租	1377	616	5.2	6.1	1700.2	707.0	5.8	6.3
体育场地设施建设	13201	3399	49.7	33.7	13614.1	3421.0	46.2	30.4

表4-3 2020—2021年国家体育产业总产值和增加值

体育产业类别名称	2020年总量/亿元 总产值	增加值	2020年结构/% 总产值	增加值	2021年总量/亿元 总产值	增加值	2021年结构/% 总产值	增加值
国家体育产业	27372	-4.6	100.0	100.0	31175	12245	100.0	100.0
体育管理活动	14136	-3.2	51.6	68.7	16591	8576	53.2	70.0
体育竞赛表演活动	880	1.5	3.2	4.3	975	515	3.1	4.2
体育健身休闲活动	273	-15.6	1.0	1.0	343	129	1.1	1.1

续表

体育产业类别名称	2020年总量/亿元 总产值	增加值	2020年结构/% 总产值	增加值	2021年总量/亿元 总产值	增加值	2021年结构/% 总产值	增加值
体育场馆服务	1580	−11.5	5.8	6.9	1877	892	6.0	7.3
体育中介服务	2149	−20.2	7.9	7.5	2833	1031	9.1	8.4
体育培训与教育	316	−16.9	1.2	0.9	378	119	1.2	1.0
体育传媒与信息服务	2023	5.7	7.4	15.0	2272	1795	7.3	14.7
其他与体育相关服务	847	18.9	3.1	3.2	1045	406	3.4	3.3
体育用品及相关产品制造	4514	0.5	16.5	24.0	5145	2955	16.5	24.1
体育用品及相关产品销售、贸易代理与出租	1554	−8.8	5.7	6.0	1725	733	5.5	6.0
体育场地设施建设	12287	−8.1	44.9	29.3	13572	3433	43.5	28.0

注：以上数据均来自国家体育总局、国家统计局统计。

4.3.1.2 成渝地区双城经济圈体育产业总体发展情况

随着我国体育产业总规模的不断扩大，川渝地区体育产业也得到了长足的发展。2016—2021年，川渝地区体育产业总规模由1161.05亿元上升到2652.48亿元，成渝地区体育产业也呈现出快速增长之势，所占当地GDP的比重逐年攀升。《成都市开展国家体育消费试点城市建设工作方案》显示，2021年成都体育产业总规模已达925.21亿元，2022年体育产业总规模突破1000亿元大关；据重庆体育局统计显示，2021年重庆全市体育产业总规模（总产出）为659.09亿元，增加值为265.18

亿元，增加值占全市 GDP 的比重为 1%，体育市场主体将持续壮大。

2016—2019 年，成渝地区双城经济圈（包含重庆、成都、自贡、泸州等 16 市）体育产业总规模（总产出）保持较高速增长，分别达到 1090.55 亿元、1277.73 亿元、1476.86 亿元、1670.01 亿元。在疫情影响下，2020 年体育产业总规模仍保持增长态势，达到 1866.16 亿元。2016—2020 年成渝地区双城经济圈体育产业总规模如图 4-2 所示。

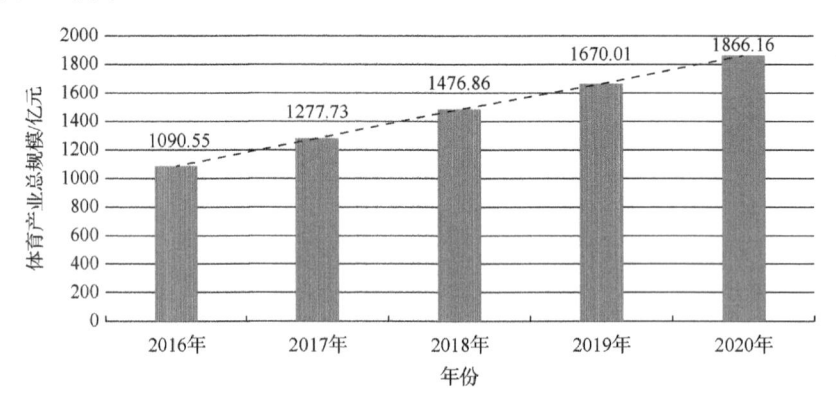

图 4-2 2016—2020 年成渝地区双城经济圈体育产业总规模

4.3.2 成渝地区双城经济圈体育产业结构持续优化

体育产业结构是一个复杂的系统，主要是指体育产业内部各子行业之间的结构，可以把体育产业结构归结为体育产业中各子行业的数量和比例关系，并且它们之间的数量和比例关系决定了体育产业的发展方向，也决定了体育产业的竞争力。因此，我们应该重视体育产业结构的建立，并努力改善它的运营模式，以促进其可持续发展。对于体育产业结构来说，主要包含 3 个方面的要素：一是体育产业的子行业；二是体育产业中各子行业的数量比例；三是这些子行业之间的关系。成渝地区双城经济圈的体育产业结构比较完善，涉猎广泛，包含体育设施建设、体育培训、体育用品制造和体育旅游等，未来有望成为一个具有较高影响力的体育产业区域。

成渝地区双城经济圈体育产业结构持续优化可以概括为体育设施建设的完善、体育产业链的延伸和发展、体育赛事的多样化和国际化、体育产业政策的支持，以及体育人才的培养和引进等方面。具体表现如下：成渝地区通过大规模投资,不断建设、改进与更新体育场馆、体育公园等来提高体育活动的质量和体验感,满足不同人群对体育锻炼和比赛的需求;除了传统的体育赛事和俱乐部,还在体育产业链的延伸和发展上取得了重要进展,涵盖了体育培训、体育旅游、体育用品制造等多个领域;举办了包括足球、乒乓球、马拉松等在内的一系列多样化的体育赛事。

成渝地区不仅大力推广优秀的体育项目,还采取一系列积极措施来促进该区域的发展。例如,积极引进国际高水平的体育赛事、鼓励举办世界一流的体育赛事、邀请世界各地的优秀运动选手前来参与,以此增加该地区体育赛事的影响力和国际化水平;制定并执行了一系列体育产业发展的扶持政策,这些政策的落实为成渝地区的体育产业提供了良好的环境和条件,吸引了更多的投资;注重培养和引进体育人才,通过建设专业的体育院校和培训机构,提高体育人才的水平和数量,为体育产业的发展提供了强有力的支持。这些发展趋势促进了成渝地区双城经济圈体育产业的健康发展,使体育产业在成渝地区的经济中发挥着更加重要的作用,并为成渝地区的经济增长和当地居民的居住环境、生活水平带来了积极的促进作用。

成渝地区双城经济圈的体育产业共包括 11 个主要类型,以 2016—2018 年的数据为例,2016—2017 年,体育用品及相关产品制造的总产值最高,达到 288.3 亿元;2018 年,体育用品及相关产品制造的总产值最高,为 532.39 亿元,其次是体育健身休闲活动,总产值为 136.16 亿元。体育产业发展的重中之重是体育服务业,近年来,成渝地区双城经济圈体育服务业发展迅猛,2016—2018 年分别占总产值的比例达 69.31%、70.22%、69.50%,在成渝地区双城经济圈体育产业中占据核心地位,成为重要的支柱产业。产业结构也趋于合理,基本形成了各业态共同发展的体育产业体系。

此外,从我国体育产业结构来看,目前发展潜力最大的是体育中介服务和体育健身休闲活动,而未来发展势能最大的应该是体育用品及相关产品制造;从产品结构来看,体育产品的供应十分丰富,能够基本满足群众消费的需求;从消费者组成来看,运动物品的供应不仅十分充裕,还能基本解决大众消费水平的要求;当前的体育交易市场已经形成相当的发展规模,并且更加清晰化,其中包含体育表演市场、健身娱乐市场,以及技术培训和咨询市场等。而且体育产业也明显取得了一部分经济效益，社会投资力度增加，构建了多途径、全方位、多形态的投资激励机制。成渝地区双城经济圈的体育产业虽然起步较晚，但发展势头十分迅猛，产业业务的应用领域不断拓展，发展规模也不断扩大，产业业务的质量和效益也有所改善与提高。

4.3.3 成渝地区双城经济圈体育消费水平不断提升

近年来，成渝地区双城经济圈的体育消费水平呈现出不断上升的趋势。随着人们生活水平的提高和健康意识的增强，体育消费成为越来越多人的重要支出。体育消费作为新的消费增长点，是助力体育产业快速发展的重要推动力，同时也是促进经济发展的关键着力点。根据统计数据显示，成渝地区双城经济圈的体育消费总额在2019—2023年以年均15%的速度增长。其中，成都和重庆两地的体育消费总额增长尤为突出，川渝地区居民体育消费总体呈现出"稳步上升"趋势。《2021年四川省居民体育消费调查报告》显示，自2017年以来，四川居民人均体育消费达到7.12%的年平均增速，2021年人均体育消费达到1922.47元，占消费支出比重达8.97%，全省体育消费总规模达1609.49亿元。2020年受疫情影响，四川居民体育消费有小幅下滑，但随着我国疫情得到有效管控，2021年四川居民人均体育消费有明显增长，2021年比2020年增长了9.67%。成都体育局体育产业处的调查显示，2021年，成都全体居民体育消费总规模达到532.4亿元，相较于体育消费试点工作开展前的2019年增长了31.5%；成都居民人均体育消费支出2518.6元，相较于体育消费试点工作开展前增长了3.6%；居民人均体育消费支出占居民人均消费性支出比重达8.8%，成都体育消费规模仍在不断扩大。2022年，成都体育消费总规模达到578.6亿元，较2021年同期增长8.4%；居民人均体育消费支出2720.6元，较2021年同期增长8.0%；居民人均体育消费支出占居民人均消费性支出比重达9.4%。据重庆体育局发布《重庆市体育产业发展"十四五"规划》显示，2025年，重庆体育产业总规模将达到1000亿元，年人均体育消费将达到1500元以上。从以上数据中可以看出，成渝地区双城经济圈体育消费规模持续扩大，居民的体育市场活力和体育消费热情不断提升。同时，居民消费水平的不断提升也反作用于成渝地区各体育领域的发展。近年来，成渝地区的健身行业的发展取得了显著成果。以重庆为例，全市共有健身俱乐部300余家，会员人数超过 100 万。这些健身俱乐部提供的课程种类丰富，包括瑜伽、舞蹈、游泳等，满足了不同人群的健身需求，极大地提升了重庆居民的体育消费水平。体育旅游也是近年来成渝地区双城经济圈发展迅速的一个领域。以峨眉山为例，景区内的户外运动项目数量不断增加，包括攀岩、漂流、滑雪等，吸引了大量游客前来体验。这些体育旅游项目的开展不仅带动了地方经济的发展，还提高了人们的体育消费水平。促使成渝地区双城经济圈体育消费水平不断提升这一趋势的原因是多方面的，一是人们生活水平提高，使人们有更多的资金投入体育消费中；二是健康意识增强，越来越多的人认识到体育锻炼对身体健康的重要性；三是政府对体育产业的支持力度加大，为体育消费市场提供了良好的政策环境；四是体育设施的不断完善和提升，为人们进行体育锻炼提供了便利的条件。随着成渝地区双城经济圈体育产业的持续发展，未来的体育消费市场将更加繁荣，人们的体育消费水平也将得到进一步提升。

4.3.4 成渝地区双城经济圈体育产生协同发展持续向好

成渝地区独特的历史文化因素，使该区域具备良好的合作基础。在 2020 年习近平总书记提出推动成渝地区双城经济圈建设之前，成渝两地已经在各方面开始了合作。2020 年，在成渝地区双城经济圈的建设上升为国家战略之后，两地更是持续开展了一系列紧密的合作。体育产业作为具有较强融合性特征的重要产业，推动其协同发展不仅能够加深地区间的跨界融合，还能够加强地区间的空间融合。因此，自 2020 年之后，成渝地区体育产业在体育政策、体育赛事、体育旅游、体育彩票和体育培训等方面展开了合作。

在体育政策协同方面，成都和重庆发布的体育产业发展政策和规划中都提到了推动成渝地区体育产业协同发展。《成都市"十四五"体育产业建圈强链发展规划和二〇三五年远景目标展望》《重庆市体育产业发展"十四五"规划（2021—2025 年）》都提出促进成渝地区之间的体育产业资源互动，构建稳定的工作合作机制，共建国家体育产业协同发展创新中心，推动成渝体育产业一体化高质量发展。2022 年，重庆体育局与四川体育局联合颁布《成渝地区双城经济圈"十四五"体育产业一体化发展规划》，深度推动成渝两地体育产业的协同发展。在这些政策背景下，成渝两地签署了《川渝两地体育公共服务融合发展框架协议》《重庆市体育局　成都市体育局双城联动体育融合发展合作协议》《成渝地区双城经济圈体育产业协作协议》等合作协议，建立了成渝体育产业联盟。综上，目前成渝地区体育产业协同发展处于初步阶段，政策的发布、合作协议的签署及联盟的建立都为成渝地区体育产业的协同发展提供了保障。

在体育赛事协同方面，成渝两地持续发力。体育赛事作为体育产业的重要组成部分，体育赛事的协同发展是必不可少的。如表4-4所示，近年来，成渝地区展开体育赛事合作，共同推出体育赛事，借助体育赛事，推动两地体育产业的高质量发展。除表4-4所展示的体育赛事外，成渝两地还将持续体育赛事方面的合作。综上可知，成渝两地在体育赛事上的合作逐年增加，体育赛事的协同发展不断推进，体育赛事项目多样。

表4-4 2020—2023年成渝地区体育赛事合作统计表

日期	赛事名称	举办地
2020年10月31日	成渝地区双城经济圈体育舞蹈公开赛	四川成都
2021年10月21日	成渝双城铁人三项公开赛	四川成都
2022年11月27日	"融城杯"四川—重庆象棋名手赛	四川成都
2023年4月8日	川渝飞盘邀请赛暨全民健身足球邀请赛	重庆
2023年4月10日	成渝地区双城经济圈全国气排球精英赛	四川资阳
2023年5月	成渝地区双城经济圈"国窖1573杯"城市网球赛	四川成都

在体育旅游协同方面，成渝两地提出要加强体育旅游融合发展，共同创建国家体育旅游示范区和全国户外运动首选目的地。2021年10月15日，在成渝体育产业联盟成立大会上，两地首次联合发布了川渝体育旅游精品路线。同年，两地还共同推出了"巴山蜀水运动川渝"体育旅游休闲消费季。2023年，两地持续合作举办成渝体育产业联盟暨第六届重庆市体育旅游产业发展大会，并在大会上举行川渝体育旅游嘉年华活动，希望通过形式多样的推介活动，吸引消费者进行体育旅游消费，深入推动川渝体育产业协同发展。此外，在国家体育总局体育文化发展中心公布2022中国体育旅游精品项目的入选名单中，川渝地区占有17项。综上，目前两地的体育旅游协同趋向稳定，具有较为系统的协同合作体系。

总的来看，成渝地区体育产业协同发展目前处于初级阶段，但从子系统的协同来看，每个系统的协同发展程度还是存在差异。体育旅游协同发展较为稳定，体育赛事和体育政策协同处于起步阶段，体育彩票、体育培训和体育展览等子系统的协同发展开始显现。

4.4 成渝地区双城经济圈体育产业发展困境

4.4.1 成渝地区双城经济圈体育产业区域发展不均衡

成渝地区双城经济圈以成都和重庆两座中心城市为核心，涵盖了周边诸多城市的广阔地域。近年来，该地区的体育产业发展迅速，但区域发展不均衡现象较为突出，呈现出中心城市发展强势，而周边城市发展相对滞后的现象。2021年，中共中央、国务院颁布《成渝地区双城经济圈建设规划纲要》，标志着成渝两地的发展进入了新的阶段，成渝地区初步形成以"双核"为基本特点的发展格局。成渝地区体育产业协同发展根本上是为了均衡区域内的发展差距，使成都、重庆及辐射到的周边城市在功能定位上相互协作，打造第四增长极。然而，由于各州市体育产业所处发展阶段、经济实力上的差异，成渝地区双城经济圈的经济总量被成都和重庆两中心城市占到1/2以上，其周边城市的体育产业总产出与之相比有较大差距。根据相关统计数据，成都和重庆两地的体育消费总额占据了整个双城经济圈的近70%，而其他城市则仅占30%左右。以四川为例，根据《四川省体育产业发展报告》显示，2019年，成都的体育产业增加值占全省的49.1%，而其他城市的增加值总和仅占43.4%。在重庆市，虽然整体体育产业规模较大，但中心城市的贡献度仍然显著高于周边城市。《2019年四川省体育产业增加值测算及其对经济发展贡献分析报告》显示，2019年，成都体育产业规模遥遥领先，约占全省体育产业总产出的1/2，2018年和2019年成都体育产业总产出占全省比重分别为49.86%和49.53%。以上数据充分表明，成渝地区双城经济圈的体育产业发展呈现出明显的核心—边缘结构。成渝地区双城经济圈的体育产业区域发展不均衡现象明显，这既与成都和重庆两座中心城市的特殊地位有关，又与政府政策、基础设施等因素密切相关。首先，在资源分配上，政府对这两座城市的投入明显高于其他周边城市，这使两地在体育设施建设、人才引进、项目资金等方面具有明显优势。成都和重庆作为中心城市，拥有着更为完善的基础设施和更高的经济发展水平,这为体育产业的发展提供了良好的条件。相比之下,周边城市由于资源匮乏,发展受到限制。其次,成都和重庆作为成渝地区双城经济圈的核心,产业结构相对完善,既有现代化的服务业和高科技产业,又有传统的制造业和农业。周边城市由于产业基础薄弱,主要以传统的农业和加工业为主,缺乏现代化的服务业支撑,导致在体育产业的发展上难以与中心城市同步。再次,成渝地区双城经济圈的协同发展机制尚不健全,缺乏有效的政策协调和资源共享机制。这使周边城市在体育产业的发展上难以借助双城经济圈的整体优势,形成"短板效应"。最后,政府对核心城市的政策扶持力度也更大,这进一步促进了体育产业在两地的发展。成渝地区因在功能定位上存在许多个体性差异,短时间内难以在协同发展上取得突破性进展,而且区域内体育产业的协同发展也不是一蹴而就的,而是需要一个较长的吸收和融合过程。因此,虽然近年来促进成渝两地协同发展的政策优势逐渐扩大,但由于政策颁布时间较短,区域内相关政策还有待落实,成渝地区双城经济圈体育产业的均衡发展任重而道远。

4.4.2 成渝地区双城经济圈体育产业结构不均衡

成渝地区双城经济圈体育产业结构虽然涉及面很广,但仍然存在如结构不均衡在内的诸多问题。尽管成都、重庆这些成渝地区双城经济圈的核心城市拥有丰富的自然资源、先进的科技、高质量的管理能力,但是它们的体育产业仍然远未跟上其他发达城市的步伐,尤其是制造业的规模仍然偏小,基础设施仍然薄弱,城乡之间的服务业发展仍然有很大的差异。同时,成都和重庆在资金、资源、人才等方面占据绝对的优势,但周边城市的发展相对落后,难以获得较好的资源来推动经济社会的发展,提升城市知名度较困难,容易形成产业发展不平衡的格局,需要重新进行规划布局。此外,由于缺乏有效的政策支持,这些城市很难从中受益,从而导致区域间的产业结构失调,进而影响到整个区域的可持续性,最终阻碍了区域的健康可持续发展,因此必须对此现状作出调整。

实际上,成渝地区双城经济圈体育产业布局和产业结构调整主要来自政府部门的积极产业规划,以促进区域内体育产业的发展。充分利用巴蜀地区独特的自然资源和区域体育产业特色,重点把成都、重庆打造为具有国际消费潜力的中心城市,以满足人们对高品质生活的需求,打造富有巴蜀特色的国际消费目的地。

然而，这些领域也存在着一些共性，如主导产业的相似性和发展方向的雷同。此外，存在的问题还包括：成渝地区的体育产业链短缺，缺乏完备的产业配套体系；体育产业与其他产业缺乏深度融合，未发挥最大价值；对于高层次的体育人才培养仍存在欠缺等。体育产业间差距较大，在发展上未能呈现出一个相对均衡的状态，存在明显的"一高多低"现象，体育经济与代理、体育竞赛表演活动等行业规模较小，发展相对不足，行业发展不均衡等问题亟待解决。

　　成渝地区双城经济圈体育产业结构不均衡的表现主要体现在以下几个方面：成都作为四川的省会、重庆作为直辖市，具有更为完善的体育产业基础设施和体育赛事举办能力，拥有更多的专业体育队伍及体育场馆和训练基地，其体育产业相对较为发达，具有一定的产业规模和影响力。相比成都和重庆，川渝地区其余城市的体育产业发展则显得相对滞后，体育产业结构相对薄弱。这些城市体育产业的规模和影响力相对较小，专业体育队伍数量有限，体育赛事举办水平和频次较低，体育场馆和训练基地相对不足。并且，成渝地区双城经济圈体育产业存在不少问题。例如，结构较为单一，体育产业主要集中在特定领域或项目，其他领域或项目发展则相对较弱；缺乏多样化的体育产业链延伸，体育赛事和体育设施建设等环节占据主导地位，而其他相关领域的发展尚未充分展开；主要依赖政府的支持和资金投入，缺乏市场化运作和私人投资的主导；缺乏创新和多元化发展的体育企业和项目，限制了其区域内体育产业结构的多样性和发展的动力。上述现象限制了成渝地区双城经济圈体育产业的整体发展，为有效解决这些问题，需要加大投资力度，促进体育设施的建设，加强体育赛事和活动的组织，完善体育产业链，培养和吸引优秀的体育人才，同时还需要加强各区域之间的合作交流，推动体育产业的互补发展。需要区域内各地的共同努力，通过加大投资力度、完善政策支持、加强合作交流等方式，逐步缩小成渝地区双城经济圈体育产业结构不均衡的差距，实现均衡发展。并且随着体育产业的不断发展和政策的引导，成渝地区双城经济圈体育产业结构将逐渐丰富和多元化。

　　总的来讲，成渝地区体育产业的发展仍处于初级阶段，同时面临着重大的转变。为了能够更好地满足区域内居民对于体育逐渐增长的需求，需要分析当前体育产业的发展现状，仔细思考其存在的问题，对其结构作出积极的调整，以期促进成渝地区体育产业的长期可持续发展。未来需要政府、企业、社会等各方面的共同努力，加大对成渝地区双城经济圈体育产业的扶持和投入力度、优化产业结构，以提高整个国家体育产业的发展水平和竞争力。

4.4.3 成渝地区双城经济圈体育赛事品牌不突出

体育赛事的成功举办，需要与举办地的政治、文化、经济、环境、硬件设施、公共服务等多个条件相匹配。特别是，体育赛事与当地旅游业的融合发展可以形成较好的经济刺激，旅游业带来的经济效益反过来可以提升赛事的品质，成渝两地通过共同举办体育赛事既可以促进两地政治、经济、公共服务等一体化发展，又可以借助当地旅游业的优势促使更多游客转变到观看体育赛事中，增加观看体育赛事的人数，从而提升体育赛事的影响力。近年来，成渝地区积极打造如成都马拉松、"熊猫杯"国际青年足球锦标赛等特色体育赛事，努力打造成渝地区体育赛事品牌，但其体育赛事品牌影响力仍显不足，缺乏市场竞争力。

目前，虽然成渝两地已协同举办 20 多场赛事，但存在赛事级别及其影响较小、赛事品牌建设不足等问题。首先，赛事级别以中小型为主，大型赛事占少数，赛事影响与赛事级别息息相关，赛事级别不高，其影响也自然有限。其次，成渝地区体育赛事发展历史短，且不重视赛事品牌建设，导致成渝地区体育赛事品牌不突出，特别是目前赛事级别较低的协同赛事，不仅缺乏宣传和赞助，还缺少专业的赛事运营体系和成熟的赛事制度。成渝地区在马拉松、篮球、足球及户外运动等众多体育项目上进行体育赛事产品的开发，依托赛事吸引了一批国内游客，这对体育赛事品牌推广起到了一定的积极作用，但目前赛事只能面向国内市场，且缺乏明星运动员的参与，其吸引力有限，因此体育赛事品牌的培育工作依然任重道远。

此外，群众性体育赛事品牌的推广不仅有利于落实全民健身战略与体育强国战略，还对专业体育赛事品牌的培育起到重要作用。2021 年，国务院印发的《全民健身计划（2021—2025 年）》中提出，鼓励京津冀、长三角、粤港澳大湾区、成渝地区双城经济圈等区域联合打造全民健身赛事活动品牌，促进区域间全民健身协同发展[1]。成渝地区近年来积极打造川渝毗邻地区群众体育荟、川渝飞盘邀请赛、全民健身足球邀请赛等群众性体育赛事品牌，这些赛事深受群众的喜爱，特别是飞盘这一类流行运动，但目前群众性体育赛事品牌发展时间较短，未能形成

---

[1] 国务院. 全民健身计划（2021—2025 年）的通知[EB/OL]. （2021-07-18）[2023-05-09]. https://www.gov.cn/zhengce/content/2021-08/03/content_5629218.htm.

成熟的体育赛事系统,因此群众体育赛事品牌培育过程中出现的组织能力低下、管理水平有限、普及程度不高等问题亟须完善。

体育赛事品牌建设作为体育产业发展的关键,体育赛事品牌的建设也应当成为成渝地区体育产业协同发展的重要一环。不仅要突出专业体育赛事品牌建设,还要重视群众体育赛事品牌培育,致力于打造具有成渝特色的体育赛事品牌,推动成渝地区体育产业高质量发展。

4.4.4 成渝地区双城经济圈体育产业协同发展深度不足

在我国五大城市群落中,成渝地区双城经济圈体育产业协同发展起步较晚。如表4-5所示,成渝地区的协同发展和成渝地区体育产业的协同发展的政策文件发布都晚于其他4个区域,因此,成渝地区的协同发展及体育产业的协同发展水平和深度将稍低于其他4个区域。目前成渝地区体育产业的协同发展处于初级阶段,其协同发展的深度略显不足,具体表现为:政策支持较少;体育产业协同发展机制缺位;体育产业结构不完善;体育产业协同发展空间布局尚待优化和体育产业协同发展创新不足等。

表4-5 我国五大城市群落体育产业协同发展举措及相关政策

区域	体育举措及相关政策	发布日期
京津冀地区	《京津冀协同发展规划纲要》	2015年4月
	《环渤海地区合作发展纲要》	2015年9月
	《深入推进京津冀体育协同发展议定书》	2016年12月
	《京津冀青少年体育协同发展框架协议》	2017年12月
	《京津冀协同发展报告(2021)》	2021年8月
粤港澳大湾区	《珠江三角洲城镇群协调发展规划(2004—2020)》	2005年8月
	《珠江三角洲地区改革发展规划纲要(2008—2020)》	2008年12月
	《推动共建丝绸之路经济带和21世纪海上丝绸之路的愿景与行动》	2015年3月
	《深化粤港澳合作推进大湾区建设框架协议》	2017年7月
	《粤港澳大湾区发展规划纲要》	2019年2月
	《关于金融支持粤港澳大湾区建设的意见》	2020年5月
	《广东省人民政府关于培育发展战略性支柱产业集群和战略性新兴产业集群的意见》	2020年5月

续表

区域	体育举措及相关政策	发布日期
粤港澳大湾区	《全面深化前海深港现代服务业合作区改革开放方案》	2021年9月
	《横琴粤澳深度合作区建设总体方案》	2021年9月
长三角地区	《促进长三角体育合作，构建长三角体育圈意向书》	2003年9月
	"长三角体育圈"全民健身大联动	2004—2006年
	《长三角地区体育产业协作会议行动计划（2017—2020年）》	2016年11月
	《长三角地区体育产业一体化发展三年行动计划（2018—2020年）》	2018年9月
	《长江三角洲区域一体化发展规划纲要》	2019年12月
	《长三角地区体育一体化高质量发展的若干意见》	2020年10月
	《2020年长三角地区体育一体化重点项目合作协议》	2020年1月
	上海产权市场正式建立长三角体育资源交易平台	2020年1月
长江中游地区	中部六省签署体育产业战略合作协议	2014年11月
	《中共中央 国务院关于新时代推动中部地区高质量发展的意见》	2021年7月
	中三省签署战略合作协议，共同发起成立中三角体育产业联盟（协作会）	2021年10月
成渝地区	《重庆—成都经济合作会谈纪要》	2001年
	《关于推进川渝合作共建成渝经济区的协议》	2007年4月
	《成渝经济区区域规划》	2011年5月
	《成渝城市群发展规划》	2016年4月
	《成渝地区双城经济圈体育产业协作协议》	2021年2月
	《成渝地区双城经济圈建设规划纲要》	2021年10月

成渝地区双城经济圈体育产业协同发展机制缺位，体育产业协同发展难推进。成渝地区体育产业协同发展机制缺位，造成地区之间存在地区分割、行政壁垒和跨区域标准不统一等问题，这直接导致成渝地区体育产业协同发展深度不足。

成渝地区双城经济圈体育产业协同发展创新不足，体育产业协同发展难深入。目前，成渝地区体育产业协同发展创新不足，导致区域体育产业发展缺乏动力源，难以形成区域优势的产业集群，因此，成渝地区体育产业协同发展深度不足。

成渝地区双城经济圈特殊的地理条件，加大了区域内体育产业深入协同发展的难度。一方面，成渝两地之间地形复杂，存在天然阻隔。另一方面，两大中心城市（成都—重庆）距离较远。这两个方面的因素共同增加了成渝地区主要城市之间深入协同发展的难度。

综上，成渝地区体育产业协同发展面临着发展深度不足的问题，这将直接影响成渝地区体育产业协同发展的进程。对此，成渝两地的政府机构、企业及学者应该共同努力解决该问题，深化推动成渝体育产业协同发展，助力体育产业和区域经济高质量发展。

5 成渝地区双城经济圈体育产业空间分布特征研究

本部分引入修正引力模型和 UCINET 6.199 软件，在数据分析的基础上，对成渝地区双城经济圈体育产业关联强度和空间结构特征进行分析，并绘制出成渝地区双城经济圈体育产业空间结构图，以清晰地反映成渝地区双城经济圈体育产业一体化所处的阶段水平。

5.1 成渝地区双城经济圈体育产业关联强度分析

5.1.1 城市间体育产业关联强度等级特征显著

研究根据引力模型，采用 ArcGIS 10.8 软件测算成渝地区双城经济圈体育产业关联强度。其中，关联强度较大数值通过加粗进行显示，具体结果如表 5-1～表 5-5 所示。成都作为四川省会城市，体育产业产值在成渝地区双城经济圈 16 市中最高，而重庆作为直辖市，体育产业产值在 16 市中位于第二。依据分析结果可知，在成渝地区双城经济圈城市中，成都与重庆之间的体育产业空间关联强度最高，形成以成都和重庆为双核心的体育产业结构。受经济发展水平与地理位置的双重影响，成都与德阳、眉山的体育产业关联强度较高，重庆与南充、达州、广安的体育产业关联强度相对较高，反之，在其他城市范围中，体育产业产值较低，体育产业空间联系水平呈现结果也较弱，等级差异较为显著。从整体上来看，当前成渝地区双城经济圈体育产业的空间联系水平并不强，尤其呈现两核心较强，其余则较弱的状态，这表明该区域体育产业的协同互动、一体化发展还有待加强。

表 5-1　2016 年成渝地区双城经济圈 16 市体育产业关联强度

地区	成都	重庆	德阳	眉山	绵阳	南充	内江	遂宁	乐山	泸州	资阳	自贡	宜宾	广安	达州	雅安
成都	—	4.4712	0.9811	0.7551	0.3886	0.3591	0.2989	0.2648	0.2495	0.2042	0.1619	0.1450	0.1146	0.0856	0.0734	0.0292
重庆	—	—	0.0720	0.0404	0.1200	0.7421	0.1354	0.1728	0.0652	0.3255	0.0668	0.1026	0.0933	0.6713	0.7305	0.0044
德阳			—	0.0026	0.0170	0.0086	0.0029	0.0060	0.0017	0.0023	0.0020	0.0014	0.0011	0.0015	0.0014	0.0002
眉山				—	0.0018	0.0024	0.0039	0.0017	0.0075	0.0027	0.0014	0.0021	0.0018	0.0007	0.0006	0.0007
绵阳					—	0.0171	0.0025	0.0057	0.0017	0.0027	0.0016	0.0014	0.0012	0.0023	0.0029	0.0002
南充						—	0.0067	0.0304	0.0029	0.0080	0.0049	0.0039	0.0029	0.0293	0.0240	0.0002
内江							—	0.0064	0.0062	0.0154	0.0151	0.0401	0.0077	0.0028	0.0016	0.0002
遂宁								—	0.0017	0.0043	0.0085	0.0028	0.0017	0.0065	0.0029	0.0001
乐山									—	0.0073	0.0015	0.0051	0.0077	0.0010	0.0008	0.0008
泸州										—	0.0036	0.0273	0.0450	0.0042	0.0027	0.0003
资阳											—	0.0037	0.0015	0.0018	0.0009	0.0001
自贡												—	0.0146	0.0018	0.0011	0.0002
宜宾													—	0.0013	0.0009	0.0002
广安														—	0.0074	0.0001
达州															—	0.0001
雅安																—

表 5-2　2017 年成渝地区双城经济圈 16 市体育产业关联强度

地区	成都	重庆	德阳	眉山	绵阳	南充	内江	遂宁	乐山	泸州	资阳	自贡	宜宾	广安	达州	雅安
成都	—	7.7047	1.5421	1.2244	0.6561	0.5324	0.4393	0.4078	0.3817	0.3140	0.2234	0.2150	0.1787	0.1127	0.1086	0.0599
重庆	—	—	0.0745	0.0431	0.1333	0.7242	0.1310	0.1639	0.0702	0.3295	0.0606	0.1001	0.0957	0.5820	0.7116	0.0059
德阳			—	0.0025	0.0172	0.0077	0.0026	0.0052	0.0017	0.0021	0.0017	0.0013	0.0010	0.0012	0.0012	0.0002
眉山				—	—	0.0022	0.0036	0.0015	0.0076	0.0026	0.0012	0.0019	0.0018	0.0006	0.0005	0.0009
绵阳					—	0.0019	0.0024	0.0053	0.0017	0.0026	0.0014	0.0014	0.0012	0.0020	0.0028	0.0002
南充						—	0.0164	0.0248	0.0027	0.0069	0.0039	0.0033	0.0026	0.0219	0.0202	0.0003
内江							—	0.0056	0.0057	0.0133	0.0117	0.0333	0.0068	0.0021	0.0013	0.0003
遂宁								—	0.0016	0.0037	0.0065	0.0023	0.0015	0.0047	0.0024	0.0001
乐山									—	0.0070	0.0013	0.0048	0.0075	0.0008	0.0008	0.0011
泸州										—	0.0029	0.0238	0.0412	0.0032	0.0024	0.0003
资阳											—	0.0029	0.0013	0.0012	0.0007	0.0001
自贡												—	0.0129	0.0013	0.0009	0.0002
宜宾													—	0.0010	0.0008	0.0002
广安														—	0.0055	0.0001
达州															—	0.0001
雅安																—

表 5-3　2018 年成渝地区双城经济圈 16 市体育产业关联强度

地区	成都	重庆	德阳	眉山	绵阳	南充	内江	遂宁	乐山	泸州	资阳	自贡	宜宾	广安	达州	雅安
成都	—	8.8270	1.9492	1.3305	0.7577	0.6737	0.5412	0.4746	0.4434	0.3770	0.3334	0.2660	0.2229	0.1737	0.1360	**0.0697**
重庆	8.8270	—	0.1373	0.0683	0.2244	**1.3356**	0.2353	0.2970	0.1112	**0.5765**	0.1319	0.1805	0.1741	**1.3074**	**1.2980**	0.0100
德阳	1.9492	0.1373	—	0.0044	0.0320	0.0157	0.0051	0.0103	0.0029	0.0040	0.0041	0.0025	0.0021	0.0030	0.0025	0.0004
眉山	1.3305	0.0683	0.0044	—	0.0031	0.0039	0.0061	0.0026	0.0114	0.0043	0.0025	0.0033	0.0031	0.0012	0.0009	0.0014
绵阳	0.7577	0.2244	0.0320	0.0031	—	0.0305	0.0043	0.0097	0.0028	0.0047	0.0031	0.0025	0.0022	0.0045	0.0051	0.0004
南充	0.6737	**1.3356**	0.0157	0.0039	0.0305	—	0.0111	0.0497	0.0046	0.0134	0.0093	0.0065	0.0052	0.0543	0.0406	0.0005
内江	0.5412	0.2353	0.0051	0.0061	0.0043	0.0111	—	0.0100	0.0097	0.0250	0.0274	0.0647	0.0133	0.0050	0.0025	0.0005
遂宁	0.4746	0.2970	0.0103	0.0026	0.0097	0.0497	0.0100	—	0.0027	0.0069	0.0153	0.0045	0.0029	0.0115	0.0047	0.0003
乐山	0.4434	0.1112	0.0029	0.0114	0.0028	0.0046	0.0097	0.0027	—	0.0117	0.0027	0.0081	0.0130	0.0017	0.0013	0.0017
泸州	0.3770	**0.5765**	0.0040	0.0043	0.0047	0.0134	0.0250	0.0069	0.0117	—	0.0066	0.0450	0.0785	0.0076	0.0046	0.0006
资阳	0.3334	0.1319	0.0041	0.0025	0.0031	0.0093	0.0274	0.0153	0.0027	0.0066	—	0.0068	0.0030	0.0036	0.0016	0.0002
自贡	0.2660	0.1805	0.0025	0.0033	0.0025	0.0065	0.0647	0.0045	0.0081	0.0450	0.0068	—	0.0253	0.0032	0.0017	0.0003
宜宾	0.2229	0.1741	0.0021	0.0031	0.0022	0.0052	0.0133	0.0029	0.0130	0.0785	0.0030	0.0253	—	0.0025	0.0016	0.0004
广安	0.1737	**1.3074**	0.0030	0.0012	0.0045	0.0543	0.0050	0.0115	0.0017	0.0076	0.0036	0.0032	0.0025	—	0.0135	0.0002
达州	0.1360	**1.2980**	0.0025	0.0009	0.0051	0.0406	0.0025	0.0047	0.0013	0.0046	0.0016	0.0017	0.0016	0.0135	—	0.0001
雅安	**0.0697**	0.0100	0.0004	0.0014	0.0004	0.0005	0.0005	0.0003	0.0017	0.0006	0.0002	0.0003	0.0004	0.0002	0.0001	—

表 5-4　2019 年成渝地区双城经济圈 16 市体育产业关联强度

地区	成都	重庆	德阳	眉山	绵阳	南充	内江	遂宁	乐山	泸州	资阳	自贡	宜宾	广安	达州	雅安
成都	—	13.1636	2.5595	1.8128	1.0666	0.9395	0.7444	0.6549	0.6073	0.5214	0.4770	0.3671	0.3150	0.2479	0.1885	0.1043
重庆	—		0.1725	0.0891	0.3024	1.7831	0.3098	0.3923	0.1458	0.7633	0.1806	0.2384	0.2355	1.7859	1.7227	0.0143
德阳			—	0.0050	0.0379	0.0184	0.0059	0.0120	0.0034	0.0047	0.0049	0.0029	0.0025	0.0036	0.0029	0.0005
眉山				—	0.0038	0.0047	0.0073	0.0031	0.0136	0.0052	0.0031	0.0040	0.0038	0.0015	0.0011	0.0018
绵阳					—	0.0384	0.0054	0.0120	0.0034	0.0058	0.0041	0.0031	0.0028	0.0058	0.0064	0.0005
南充						—	0.0137	0.0614	0.0057	0.0166	0.0119	0.0080	0.0066	0.0694	0.0504	0.0006
内江							—	0.0122	0.0117	0.0305	0.0346	0.0788	0.0165	0.0063	0.0031	0.0006
遂宁								—	0.0033	0.0085	0.0194	0.0055	0.0036	0.0146	0.0058	0.0003
乐山									—	0.0142	0.0034	0.0099	0.0161	0.0022	0.0016	0.0022
泸州										—	0.0084	0.0551	0.0984	0.0096	0.0056	0.0008
资阳											—	0.0086	0.0039	0.0048	0.0021	0.0003
自贡												—	0.0317	0.0041	0.0021	0.0004
宜宾													—	0.0032	0.0021	0.0006
广安														—	0.0172	0.0002
达州															—	0.0002
雅安																—

表5-5 2020年成渝地区双城经济圈16市体育产业关联强度

地区	成都	重庆	德阳	眉山	绵阳	南充	内江	遂宁	乐山	泸州	资阳	自贡	宜宾	广安	达州	雅安
成都	—	**15.7020**	3.2049	**2.1524**	1.3303	1.1562	**0.9039**	0.7963	0.7362	0.6366	**0.5929**	0.4477	**0.3911**	0.3120	0.2321	**0.1353**
重庆		—	0.2079	0.1018	0.3630	**2.1118**	0.3620	0.4591	0.1701	**0.8969**	0.2160	0.2798	0.2813	**2.1636**	**2.0414**	0.0178
德阳			—	0.0060	0.0478	0.0229	0.0072	0.0147	0.0042	0.0058	0.0062	0.0036	0.0031	0.0046	0.0036	0.0007
眉山				—	0.0045	0.0056	0.0085	0.0036	0.0158	0.0060	0.0037	0.0047	0.0045	0.0018	0.0013	0.0023
绵阳					—	0.0476	0.0066	0.0147	0.0042	0.0071	0.0051	0.0038	0.0035	0.0074	0.0079	0.0007
南充						—	0.0165	0.0741	0.0069	0.0201	0.0146	0.0097	0.0081	0.0867	0.0616	0.0008
内江							—	0.0146	0.0139	0.0365	0.0421	0.0942	0.0201	0.0077	0.0037	0.0008
遂宁								—	0.0039	0.0102	0.0236	0.0066	0.0044	0.0180	0.0070	0.0004
乐山									—	0.0170	0.0041	0.0118	0.0196	0.0027	0.0019	0.0029
泸州										—	0.0103	0.0662	0.1204	0.0120	0.0068	0.0010
资阳											—	0.0105	0.0048	0.0060	0.0025	0.0003
自贡												—	0.0387	0.0050	0.0026	0.0006
宜宾													—	0.0040	0.0026	0.0008
广安														—	0.0215	0.0003
达州															—	0.0002
雅安																—

5.1.2 城市间体育产业关联强度逐年增强

由表 5-1～表 5-5 可知，从 2016 年开始，各市之间的体育产业关联强度呈现逐年增强态势。其中，成都与重庆之间的体育产业关联强度增幅最大；成都与德阳、眉山，重庆与南充、达州、广安的体育产业关联强度增幅次之；其他地级市之间体育产业关联强度增幅相对较小。这与各地的经济发展水平相关，经济联系意味着资源要素的跨区域流动，联系越紧密，要素流通渠道越畅通，经济社会发展水平往往越高。同时，这也与体育产业自身的发展水平密切相关，发展水平高的城市间交流合作壁垒小，这也在一定程度上反映出体育产业在第三产业中具有良好的发展态势。

5.1.3 体育产业关联强度呈现距离衰减规律

成都和重庆作为成渝地区双城经济圈的增长极，对周围地级市具有一定的辐射带动作用，距离增长极越近的城市，其作用越明显，行政壁垒小、交通便捷、资源的传输速度快，经济关联强度相对较大。距离中心城市较远的地级市受到的引力和辐射不显著，具体表现为：成都与眉山、德阳这些距离较近的城市的产业关联强度明显高于成都与达州、泸州、广安等距离较远的城市的产业关联强度；重庆与南充、达州、广安这些距离较近的城市的产业关联强度高于重庆与雅安、乐山等距离较远的城市的产业关联强度。

5.2 成渝地区双城经济圈体育产业空间结构特征分析

5.2.1 呈现以成都、重庆为双核心的网络空间结构

本研究进一步通过 UCINET 6.199 软件，绘制出成渝地区双城经济圈体育产业空间结构图，其中成渝地区双城经济圈体育产业空间关联关系矩阵是通过"二值化"数据处理后得到的（图 5-1～图 5-5）。图中每座城市显示为一个节点，城市体育产业空间联系与方向由节点城市间的有向线段来表示。分析结果表明：成渝地区双城经济圈体育产业空间结构中仍旧以成都、重庆为两大核心。其中，指

向成都的空间联系最多，指向重庆的次之，遂宁、南充、泸州、绵阳、内江、达州几个市同时与成都和重庆有联系，而其他边缘城市则只与两座核心城市之一有联系。这与各市所处的地理位置相关，地理位置越近，则越利于城市之间的交流互动，其联系程度越强。

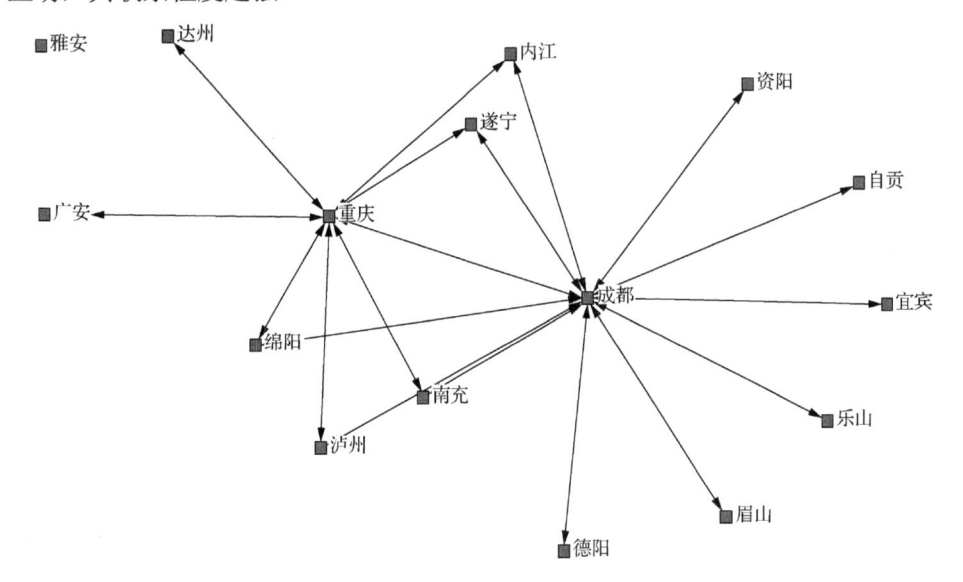

图 5-1　2016 年成渝地区双城经济圈 16 市体育产业联系空间网络格局

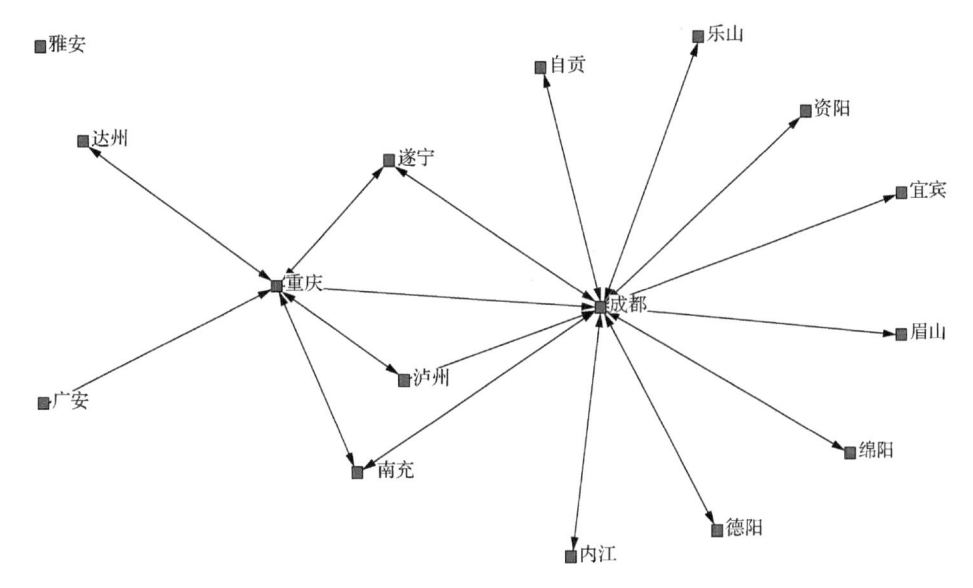

图 5-2　2017 年成渝地区双城经济圈 16 市体育产业联系空间网络格局

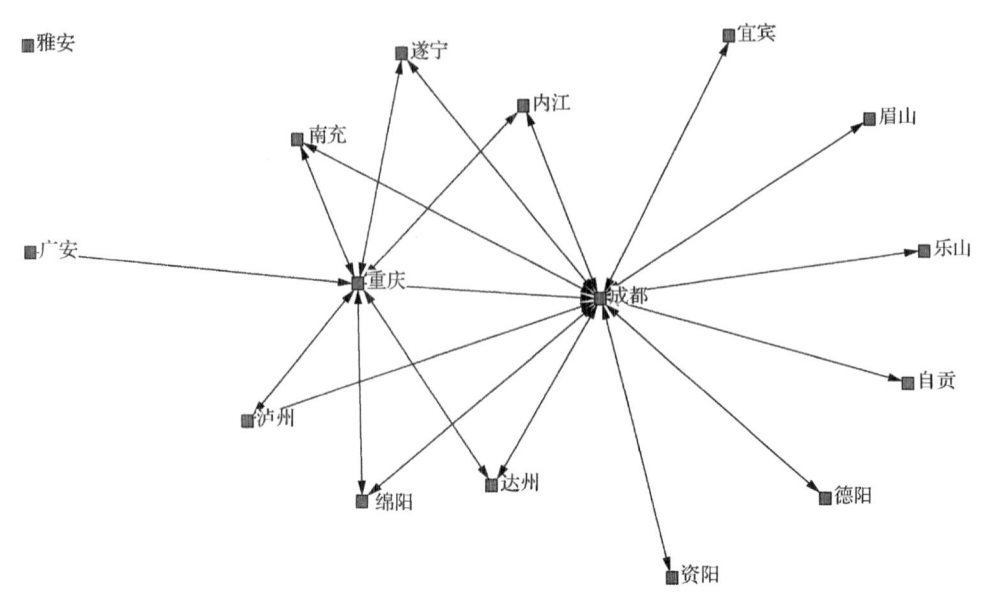

图 5-3　2018 年成渝地区双城经济圈 16 市体育产业联系空间网络格局

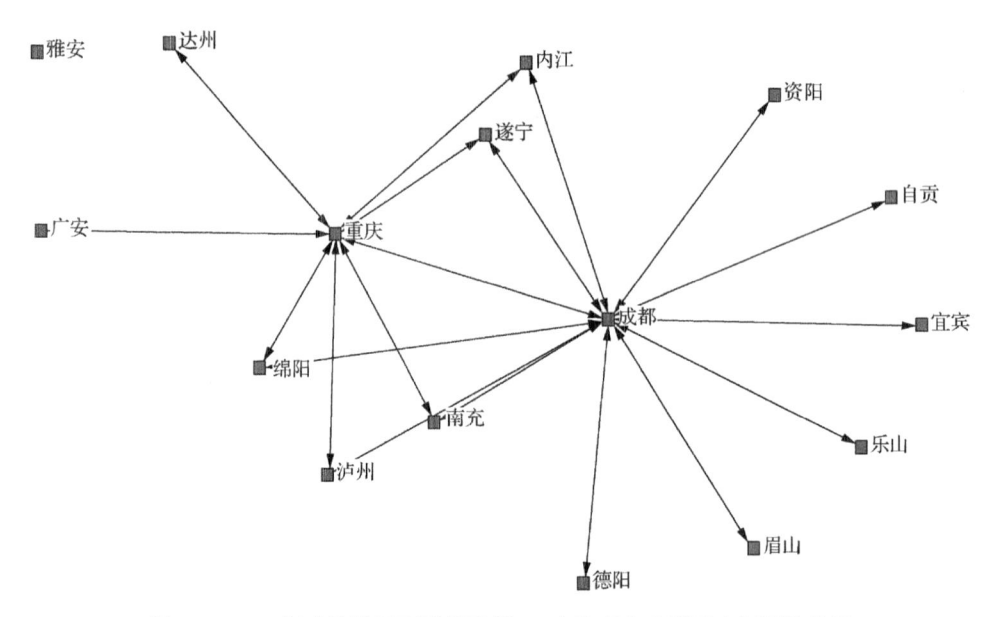

图 5-4　2019 年成渝地区双城经济圈 16 市体育产业联系空间网络格局

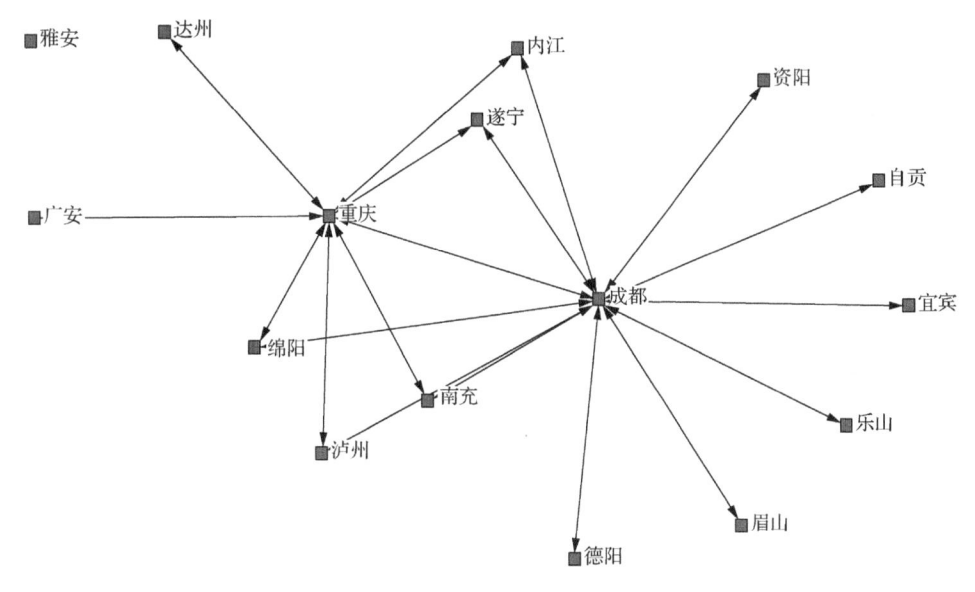

图 5-5　2020 年成渝地区双城经济圈 16 市体育产业联系空间网络格局

从整体上来看，该空间结构特征能够在一定程度上反映成渝地区双城经济圈体育产业一体化所处的阶段水平。部分学者的前期研究也验证了这一点（王德忠等[①]）。相关研究结果表明，作为城市发展新的空间单元，大都市圈的形成是区域经济一体化发展的重要阶段，特别是在我国区域一体化实践进程中，都市圈是推动区域经济一体化的核心载体和基本模式。彭际作根据都市圈的空间结构特征将大都市圈的形成过程划分为 4 个阶段，分别是中心指向型（极核型）、"中心—周边"双向指向型（点轴型）、水平网络化（多核多中心型）和社会经济联系（一体化的社会经济实体）[②]。显然，这 4 个阶段是一体化发展由浅入深的过程。成渝地区双城经济圈体育产业网络空间结构中的绝大多数空间联系指向核心城市成都和重庆，其他城市间空间联系较弱。

5.2.2　空间关联和溢出效应显著但等级结构较高

本研究进一步分析得到了网络密度、网络关联度、网络等级度和网络效率整

---

① 王德忠，吴琳，吴晓曦. 区域经济一体化理论的缘起、发展与缺陷[J]. 商业研究，2009（2）：18-21.
② 彭际作. 大都市圈人口空间格局与区域经济发展[D]. 上海：华东师范大学，2006.

体网络结构特征指标的测度值，其中，网络密度数值越大，网络成员联系越紧密，网络对其中行动者的态度、行为等产生的影响就越大。可以看到，2016—2020年网络密度分别为0.1583、0.1417、0.1667、0.1583、0.1583（具体如表5-6所示），这表明成渝地区双城经济圈城市间体育产业空间关联的紧密程度比较低，各城市间更密切的体育产业协作尚有非常大的空间，其中2018年网络密度有所提高，说明各城市间的体育产业协作在2018年得到了增强。显然，当前成渝地区双城经济圈体育产业的空间关联网络对节点城市体育产业的影响比较弱，折射出成渝地区双城经济圈体育产业一体化对区域内城市体育产业发展的促进作用同样具有很大的提升空间。与此同时，网络关联度为1，但网络效率为0.333、0.218、0.333、0.333、0.333，网络中冗余连线较少，这表明各城市体育产业的空间溢出渠道不多，空间关联网络稳定性不足。网络等级度为0.500、0.500、0.667、0.500、0.500，这进一步说明区域内城市间体育产业的空间溢出效应具有较高的等级结构，即并不是在任何体育产业发展水平上都能产生空间溢出效应。

表5-6 整体网络特征值

年度	密度	网络关系数	网络关联度	网络等级度	网络效率
2016	0.1583	19	1	0.500	0.333
2017	0.1417	17	1	0.500	0.218
2018	0.1667	20	1	0.667	0.333
2019	0.1583	19	1	0.500	0.333
2020	0.1583	19	1	0.500	0.333

同时，结合图5-1～图5-5，我们可以看到，成都和重庆的空间溢出效应相对较强，其他城市则非常微弱。虽然现阶段成渝地区双城经济圈体育产业存在明显的空间关联和溢出效应，但各城市间体育产业的空间联系较弱，等级结构较高，网络稳定性不足，其体育产业协同发展尚有非常大的发展空间。

5.2.3 中心行动者与边缘行动者角色区分度明显

汇总2016—2020年的点度中心度、接近中心度和中间中心度网络节点中心性指标的测度值（表5-7～表5-11），揭示各城市在成渝地区双城经济圈体育产业空间关联网络中的地位与作用。其中，2016—2020年，成渝地区双城经济圈中心城市的点度中心度均值分别为 15.833、14.167、16.667、15.833、15.833，高于该均值的城市为成都和重庆，这说明这两个城市在区域空间关联网络中与其他城市的关系数相对较多。特别是成都的点度中心度远远高于其他城市，原因在于成都与其他 15 个城市的体育产业空间关联较强，成都处于成渝地区双城经济圈 16 市体育产业空间关联网络的中心地位，其他城市则离网络的中心位置较远。从点入度上看，成都的点入度最高达到 13，重庆达到 8，而其他城市在 2 及以下，这可以理解为区域体育产业发展的"马太效应"，即体育产业发展越好的城市，区域优质体育资源越向其集聚。从点出度上看，各城市的点出度均较小，表明成渝地区双城经济圈的溢出效应并不强。进一步分析发现，处于网络中心位置的城市拥有更高的接近中心度和中间中心度。成都的接近中心度（46.875、46.875、48.387、46.875、46.875）最高，重庆次之，超出其他 14 个城市的接近中心度，这说明成都和重庆在成渝地区双城经济圈体育产业空间关联网络中能够更快速地与其他城市产生内在连接，在区域内扮演着中心行动者的角色，其他城市受到体育产业发展水平和地理位置的制约，在网络结构中扮演着边缘行动者的角色。对各城市中间中心度的考察发现，成都的中间中心度（68.000、73.810、67.143、68.000、68.000）最高，远远超出其他 15 个城市的中间中心度（30.000 及以下），这说明成都控制区域内城市间体育产业交流与合作的能力相对较强，故成都在成渝地区双城经济圈体育产业的空间关联网络中处于核心的位置并发挥着中介和桥梁的作用，且成都的桥梁作用高于重庆。综上所述，成都和重庆处于成渝地区双城经济圈体育产业空间关联网络的核心位置，是成渝地区双城经济圈体育产业一体化发展的中心行动者，对区域内城市间体育产业的协同互动和一体化发展具有较强的控制能力，其他城市则在网络中。

表 5-7　2016 年成渝地区双城经济圈体育产业空间结构中心性特征值

城市	点度中心度				接近中心度		中间中心度	
	点入度	点出度	中心度（均值=15.833）	排序	中心度	排序	中心度	排序
成都	12	0	80.000	1	46.875	1	68.000	1
重庆	8	0	53.333	2	41.667	2	30.000	2
遂宁	2	0	13.333	3	35.714	3	0.000	3
内江	2	0	13.333	3	35.714	3	0.000	3

续表

城市	点度中心度				接近中心度		中间中心度	
	点入度	点出度	中心度（均值=15.833）	排序	中心度	排序	中心度	排序
南充	2	0	13.333	3	35.714	3	0.000	3
泸州	2	0	13.333	3	35.714	3	0.000	3
绵阳	2	0	13.333	3	35.714	3	0.000	3
眉山	1	0	6.667	4	33.333	4	0.000	3
乐山	1	0	6.667	4	33.333	4	0.000	3
达州	1	0	6.667	4	30.612	5	0.000	3
德阳	1	0	6.667	4	33.333	4	0.000	3
广安	1	0	6.667	4	30.612	5	0.000	3
宜宾	1	0	6.667	4	33.333	4	0.000	3
资阳	1	0	6.667	4	33.333	4	0.000	3
自贡	1	0	6.667	4	33.333	4	0.000	3
雅安	0	0	0.000	5	0.000	6	0.000	3

表 5-8　2017 年成渝地区双城经济圈体育产业空间结构中心性特征值

城市	点度中心度				接近中心度		中间中心度	
	点入度	点出度	中心度（均值=14.167）	排序	中心度	排序	中心度	排序
成都	12	0	80.000	1	46.875	1	73.810	1
重庆	6	0	40.000	2	39.474	2	25.238	2
遂宁	2	0	13.333	3	35.714	3	0.000	3
内江	2	0	6.667	4	33.333	4	0.000	3
南充	2	0	13.333	3	35.714	3	0.000	3
泸州	2	0	13.333	3	35.714	3	0.000	3
绵阳	2	0	6.667	4	35.714	3	0.000	3
眉山	1	0	6.667	4	33.333	4	0.000	3
乐山	1	0	6.667	4	33.333	4	0.000	3
达州	1	0	6.667	4	29.412	5	0.000	3
德阳	1	0	6.667	4	33.333	4	0.000	3
广安	1	0	6.667	4	29.412	5	0.000	3
宜宾	1	0	6.667	4	33.333	4	0.000	3
资阳	1	0	6.667	4	33.333	4	0.000	3

续表

城市	点度中心度 点入度	点出度	中心度（均值=14.167）	排序	接近中心度 中心度	排序	中间中心度 中心度	排序
自贡	1	0	6.667	4	33.333	4	0.000	3
雅安	0	0	0.000	5	0.000	6	0.000	3

表5-9 2018年成渝地区双城经济圈体育产业空间结构中心性特征值

城市	点度中心度 点入度	点出度	中心度（均值=16.667）	排序	接近中心度 中心度	排序	中间中心度 中心度	排序
成都	13	0	86.667	1	48.387	1	67.143	1
重庆	8	0	53.333	2	41.667	2	19.524	2
遂宁	2	0	13.333	3	35.714	3	0.000	3
内江	2	0	13.333	3	35.714	3	0.000	3
南充	2	0	13.333	3	35.714	3	0.000	3
泸州	2	0	13.333	3	35.714	3	0.000	3
绵阳	2	0	13.333	3	35.714	3	0.000	3
眉山	1	0	6.667	4	34.091	4	0.000	3
乐山	1	0	6.667	4	34.091	4	0.000	3
达州	2	0	13.333	3	35.714	3	0.000	3
德阳	1	0	6.667	4	34.091	4	0.000	3
广安	1	0	6.667	4	30.612	5	0.000	3
宜宾	1	0	6.667	4	34.091	4	0.000	3
资阳	1	0	6.667	4	34.091	4	0.000	3
自贡	1	0	6.667	4	34.091	4	0.000	3
雅安	0	0	0.000	5	0.000	6	0.000	3

表5-10 2019年成渝地区双城经济圈体育产业空间结构中心性特征值

城市	点度中心度 点入度	点出度	中心度（均值=15.833）	排序	接近中心度 中心度	排序	中间中心度 中心度	排序
成都	12	0	80.000	1	46.875	1	68.000	1
重庆	8	0	53.333	2	41.667	2	30.000	2
遂宁	2	0	13.333	3	35.714	3	0.000	3

续表

城市	点入度	点出度	中心度（均值=15.833）	排序	中心度	排序	中心度	排序
内江	2	0	13.333	3	35.714	3	0.000	3
南充	2	0	13.333	3	35.714	3	0.000	3
泸州	2	0	13.333	3	35.714	3	0.000	3
绵阳	2	0	13.333	3	35.714	3	0.000	3
眉山	1	0	6.667	4	33.333	4	0.000	3
乐山	1	0	6.667	4	33.333	4	0.000	3
达州	1	0	6.667	4	30.612	5	0.000	3
德阳	1	0	6.667	4	33.333	4	0.000	3
广安	1	0	6.667	4	30.612	5	0.000	3
宜宾	1	0	6.667	4	33.333	4	0.000	3
资阳	1	0	6.667	4	33.333	4	0.000	3
自贡	1	0	6.667	4	33.333	4	0.000	3
雅安	0	0	0.000	5	0.000	6	0.000	3

表 5-11　2020 年成渝地区双城经济圈体育产业空间结构中心性特征值

城市	点入度	点出度	中心度（均值=15.833）	排序	中心度	排序	中心度	排序
成都	12	0	80.000	1	46.875	1	68.000	1
重庆	8	0	53.333	2	41.667	2	30.000	2
遂宁	2	0	13.333	3	35.714	3	0.000	3
内江	2	0	13.333	3	35.714	3	0.000	3
南充	2	0	13.333	3	35.714	3	0.000	3
泸州	2	0	13.333	3	35.714	3	0.000	3
绵阳	2	0	13.333	3	35.714	3	0.000	3
眉山	1	0	6.667	4	33.333	4	0.000	3
乐山	1	0	6.667	4	33.333	4	0.000	3
达州	1	0	6.667	4	30.612	5	0.000	3
德阳	1	0	6.667	4	33.333	4	0.000	3

续表

城市	点度中心度				接近中心度		中间中心度	
	点入度	点出度	中心度（均值=15.833）	排序	中心度	排序	中心度	排序
广安	1	0	6.667	4	30.612	5	0.000	3
宜宾	1	0	6.667	4	33.333	4	0.000	3
资阳	1	0	6.667	4	33.333	4	0.000	3
自贡	1	0	6.667	4	33.333	4	0.000	3
雅安	0	0	0.000	5	0.000	6	0.000	3

5.2.4 区域体育产业发展动力源不足

为揭示成渝地区双城经济圈体育产业发展的空间聚类特征，采用UCINET中的CONCOR（Convergent Correlation，收敛相关）算法，将成渝地区双城经济圈各城市划分为4个体育产业发展板块。2016年，成都、雅安位于第一板块，达州、广安位于第二板块，德阳、乐山、眉山、资阳、宜宾、自贡位于第三板块，内江、绵阳、南充、泸州、遂宁、重庆位于第四板块，如图5-6所示；2017年，成都、雅安位于第一板块，达州、广安位于第二板块，德阳、乐山、眉山、资阳、宜宾、内江、自贡、绵阳位于第三板块，南充、泸州、遂宁、重庆位于第四板块，如图5-7所示；2018年，成都、广安位于第一板块，雅安位于第二板块，遂宁、南充、达州、泸州、内江、绵阳、重庆位于第三板块，眉山、乐山、德阳、宜宾、自贡、资阳位于第四板块，如图5-8所示；2019年，成都、雅安位于第一板块，达州、广安位于第二板块，德阳、乐山、眉山、资阳、宜宾、自贡位于第三板块，内江、绵阳、南充、泸州、遂宁、重庆位于第四板块，如图5-9所示；2020年，成都、雅安位于第一板块，达州、广安位于第二板块，德阳、乐山、眉山、资阳、宜宾、自贡位于第三板块，内江、绵阳、南充、泸州、遂宁、重庆位于第四板块，如图5-10所示。从地理空间上看，四大板块基本呈现由内向外的圈层结构。随着年份增长，每年四大板块所包含的城市有所差异，这表明成渝地区双城经济圈16市关于体育产业的政策在不断变化，人才、技术、资金等的流动也不断变化，还未形成相对稳定的局面，该区域内的动力源不足。

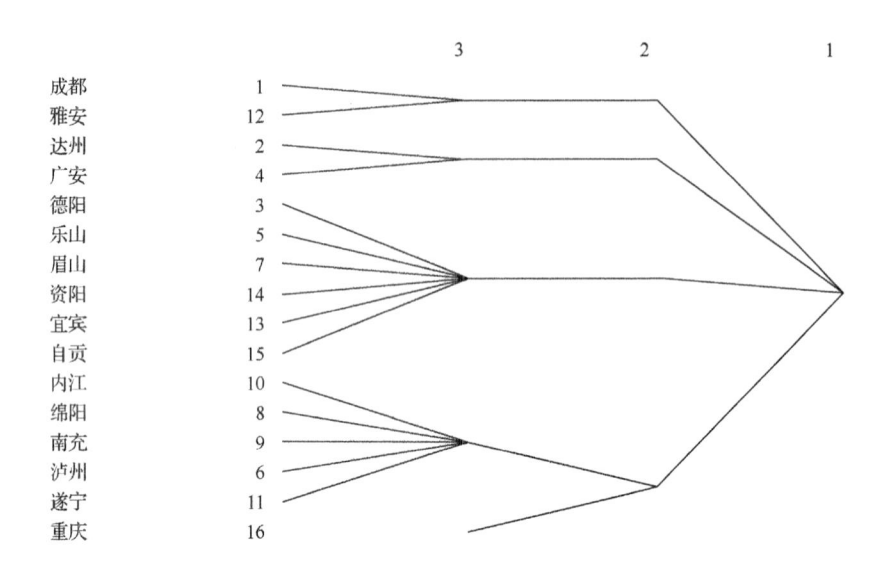

成都	1
雅安	12
达州	2
广安	4
德阳	3
乐山	5
眉山	7
资阳	14
宜宾	13
自贡	15
内江	10
绵阳	8
南充	9
泸州	6
遂宁	11
重庆	16

图 5-6　2016 年成渝地区双城经济圈 16 市体育产业联系网络结构凝聚子群

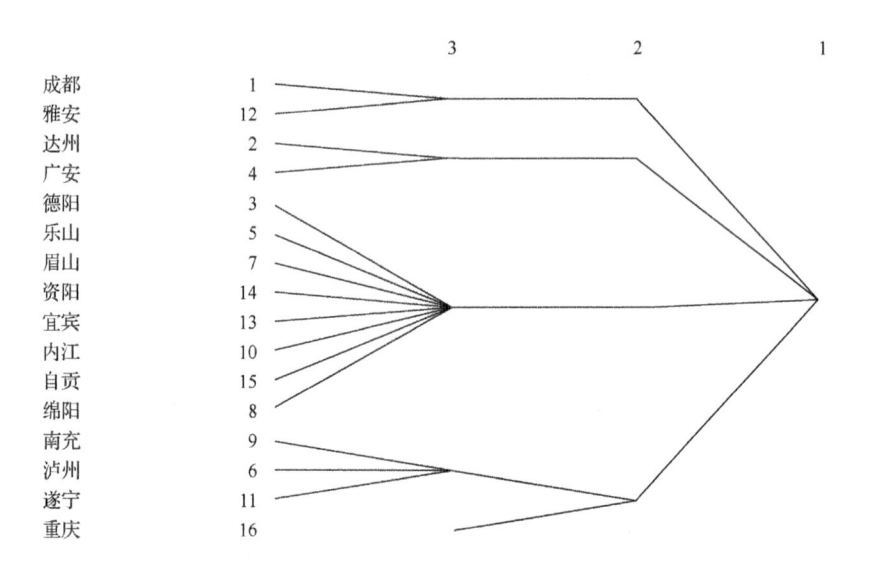

成都	1
雅安	12
达州	2
广安	4
德阳	3
乐山	5
眉山	7
资阳	14
宜宾	13
内江	10
自贡	15
绵阳	8
南充	9
泸州	6
遂宁	11
重庆	16

图 5-7　2017 年成渝地区双城经济圈 16 市体育产业联系网络结构凝聚子群

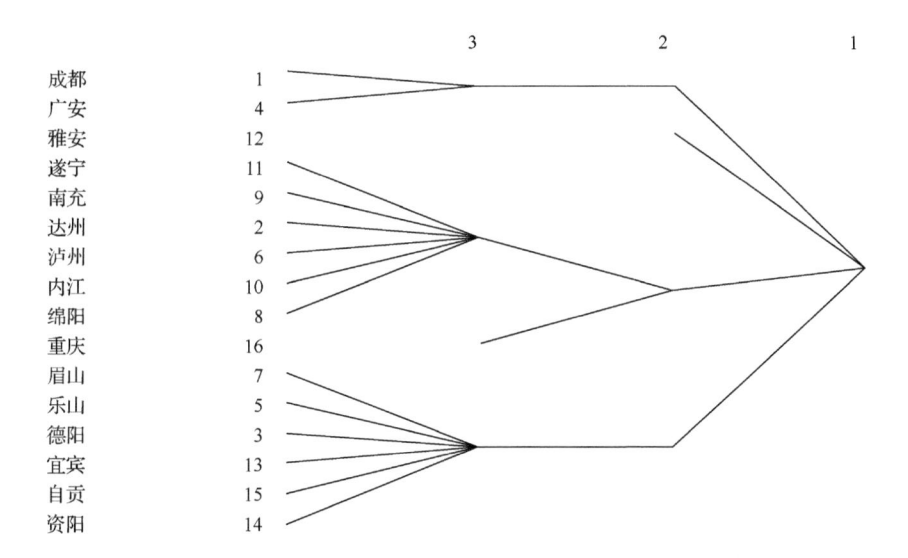

图 5-8 2018 年成渝地区双城经济圈 16 市体育产业联系网络结构凝聚子群

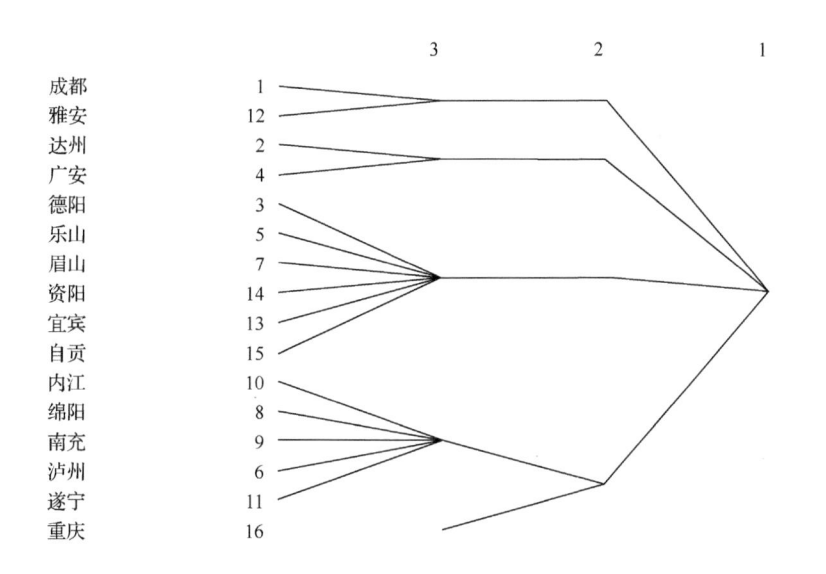

图 5-9 2019 年成渝地区双城经济圈 16 市体育产业联系网络结构凝聚子群

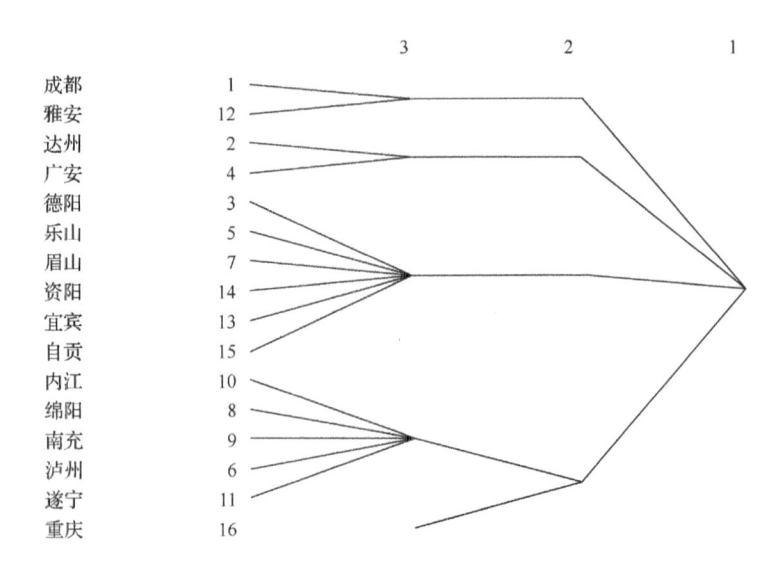

```
成都       1
雅安       12
达州       2
广安       4
德阳       3
乐山       5
眉山       7
资阳       14
宜宾       13
自贡       15
内江       10
绵阳       8
南充       9
泸州       6
遂宁       11
重庆       16
```

图 5-10　2020 年成渝地区双城经济圈 16 市体育产业联系网络结构凝聚子群

5.2.5　川渝体育产业集聚水平分析

因为 2021 年成渝地区双城经济圈大部分市的体育产业产值相关数据缺失，所以 2021 年只根据四川、重庆总体的数据采用区位商（Location Quotient，LQ）的研究方法分析两地的体育产业集聚水平，以期对分析结果有所补充。

2021 年，四川体育产业总产值达 1993.39 亿元，体育产业增加值为 735.05 亿元；2021 年，重庆体育产业产值达 659.09 亿元，体育产业增加值为 265.18 亿元，计算结果如表 5-12 所示。

表 5-12　2021 年四川、重庆体育产业集聚水平

地区	总产值/亿元	体育产业增加值	LQ
四川	1993.39	735.05	1.28
重庆	659.09	265.18	0.89

以 LQ 值为 1 作为基准，大于 1 则表明该地区的体育产业在全国范围内具有优势，小于 1 则表明该地区的体育产业在全国范围内处于相对劣势的水平。表 5-12 显示，四川体育产业的 LQ 值为 1.28，相较于重庆的 LQ 值 0.89 更高，这表明

四川体育产业的集聚水平更高，在全国范围内更具有区位优势；而四川和重庆的LQ值均在1上下略微浮动，说明虽然四川的体育产业专业化程度、集约化水平高于重庆，但仍有很大的提升空间；重庆的LQ值接近1，未来在政策导向、资源分配、生产要素流动、地区产业协同发展等方面进行优化，将会提高体育产业的集聚水平。

6 成渝地区双城经济圈体育产业分布的影响因素研究

第 5 部分对成渝地区双城经济圈体育产业空间分布特征进行了深入分析。本部分将在第 5 部分的基础上探究科学、合理的成渝地区双城经济圈体育产业空间分布的影响因素，形成具体的影响因素的指标体系，以便能够更好地推动成渝地区体育产业协调发展，优化成渝地区体育产业空间布局。

6.1 框架构建

本研究将使用系统分析方法，借助产业区位理论，以成渝地区体育产业空间分布为因变量，科学合理地构建成渝地区体育产业空间分布的影响因素指标体系。之前研究深入分析了成渝地区体育产业分布的网络空间分布，发现了成渝地区体育产业空间分布的特征。本部分将基于之前研究，进一步探究成渝地区体育产业空间分布的基本成因，期望以此来寻求推动成渝地区体育产业协同发展的新思路。

目前成渝地区体育产业协同发展处于初级阶段，体育产业网络空间结构中的绝大多数空间联系指向核心城市成都和重庆，其他城市间空间联系较弱。体育产业的协同发展与体育产业的空间分布密切相关，想要深入推动体育产业协同发展，需要寻找到优化体育产业空间分布的路径。本部分基于产业布局理论、产业区位理论和已有研究，围绕人口因素、地理因素、经济因素、交通因素、体育发展基础、政府行为和文化因素 7 个维度来构建影响因素框架。

6.2 变量选取

6.2.1 变量选取原则

6.2.1.1 系统性原则

体育产业分布是一个复杂的系统，构建成渝地区体育产业空间分布的影响因素指标需要从不同的层次和角度来选择，既要涉及自然因素，又要涉及社会因素；既要考虑体育产业的消费者，又要考虑供给方和政府的作用，要做到系统和全面地选择影响因素指标。

6.2.1.2 科学性原则

影响因素指标体系的构建需要理论基础的支撑。设计影响因素指标时，应考虑指标是否能客观真实地影响成渝地区体育产业分布状况。本研究的二级指标选取以定量指标为主，辅以少量定性指标。其中，定量指标大多是通过统计年鉴和政府工作报告获得的数据，这样才能便于后续的验证。

6.2.1.3 独立性原则

在影响因素指标选取的过程中，要深入分析各指标之间是否存在相关关系。各指标之间不能够存在相互影响或者相互包含的相关关系。每个影响因素指标只能影响某个方面的内容。如果影响因素指标之间存在相互关系，就会降低成渝地区体育产业空间分布影响因素指标的可靠性。

6.2.2 变量选取依据

在影响因素的选取上，本研究在遵循系统性、科学性和独立性等原则的基础上，借鉴李杰[1]、梁炳礼[2]、王兆峰和刘庆芳[3]等的研究成果，并结合马歇尔的外部

---

[1] 李杰. 江西省绿色产业发展综合实力评价及空间分布研究[D]. 南昌：华东交通大学，2021.
[2] 梁炳礼. 对外开放对地区产业分布的影响研究——基于中国省域数据的分析[D]. 南宁：广西大学，2020.
[3] 王兆峰，刘庆芳. 中国国家级特色小镇空间分布及影响因素[J]. 地理科学，2020，40（3）：419-427.

性理论、波特的钻石模型、产业区位理论和产业集群理论，基于成渝地区双城经济圈体育产业发展现状的内在逻辑，选择人口因素、地理因素、经济因素、交通因素、体育发展基础、政府行为、文化因素7个一级影响因素及30个二级影响因素构建成渝地区双城经济圈体育产业分布的影响因素体系，如表6-1所示。

表6-1 二级变量选取依据汇总表

影响因素	研究者	时间	观点
年末总人口	王兆峰和刘庆芳	2020	人口是区域经济发展的重要资源[①]
	滕堂伟等	2021	人口规模能为地区提供充足的人力资源和人流量，带动产业的发展[②]
人口密度	王金伟等	2022	人口越密集的城市，体育产业聚集程度越高[③]
	刘周敏等	2020	人口数量分布较多的地区，体育产业的分布相对就多[④]
体育人口	周鸿璋等	2022	体育人口能为地区提供充足的人力资源和人流量，带动产业的发展[⑤]
距核心城市的距离	方叶林等	2019	区域核心城市，尤其是地级市是影响特色小镇空间分布的主要原因[⑥]
	杜兆康	2022	核心城市的辐射引领促进体育产业建设[⑦]
地貌特征	孙双明等	2019	山脉空间分布决定了冰雪体育产业空间分布特征，山脉自身的资源禀赋和类型结构决定了冰雪体育产业的规模与等级[⑧]
	王金伟等	2022	地貌特征是冰雪体育产业选址的重要先决条件[⑨]

---

① 王兆峰, 刘庆芳. 中国国家级特色小镇空间分布及影响因素[J]. 地理科学, 2020, 40 (3): 419-427.
② 滕堂伟, 谌丹华, 胡森林. 黄河流域空气污染的空间格局演化及影响因素[J]. 地理科学, 2021, 41 (10): 1852-1861.
③ 王金伟, 郭嘉欣, 刘乙, 等. 中国滑雪场空间分布特征及其影响因素[J]. 地理研究, 2022, 41 (2): 390-405.
④ 刘周敏, 周鸿璋, 曹庆荣. 基于ArcGIS下国家体育特色小镇空间分布特征及影响因素研究[J]. 成都体育学院学报, 2020, 45 (4): 62-67.
⑤ 周鸿璋, 刘周敏, 曹庆荣. 体育服务综合体空间分布特征及形成因素[J]. 体育教育学刊, 2022, 38 (1): 55-63.
⑥ 方叶林, 黄震方, 李经龙, 等. 中国特色小镇的空间分布及其产业特征[J]. 自然资源学报, 2019, 34 (6): 1273-1284.
⑦ 杜兆康. 基于GIS的广东省休闲体育产业空间分布特征分析[C]//国家体育总局体育文化发展中心, 中国体育科学学会体育史分会. 2022年粤港澳大湾区滨海体育休闲产业发展论坛论文摘要集. [出版者不详], 2022: 2.
⑧ 孙双明, 刘波, 郭振, 等. 改革开放以来中国滑雪场空间分布特征演变及影响因素研究[J]. 沈阳体育学院学报, 2019, 38 (6): 8-15.
⑨ 王金伟, 郭嘉欣, 刘乙, 等. 中国滑雪场空间分布特征及其影响因素[J]. 地理研究, 2022, 41 (2): 390-405.

续表

影响因素	研究者	时间	观点
气候	孙双明等	2019	气候条件影响着冰雪体育产业的经营周期[1]
海拔高度	王兆峰和刘庆芳	2020	海拔较低、地势相对平坦的地区更有利于体育产业的建设及经济社会发展[2]
自然资源丰富度	钟雪娇	2022	资源依赖型的体育产业与主要自然环境有着密切的关系[3]
自然资源丰富度	白春燕	2022	自然资源是人类用来创造社会财富的天然物质资源。产业对环境的依附程度取决于自然资源稀缺性与重要性，能否获得良好的自然资源是组织生存的重要条件之一[4]
各地区的GDP	孙双明等	2019	社会经济发展水平是决定我国体育产业空间分布与建设的重要因素，是我国体育产业空间格局形成的重要推动力[1]
各地区的GDP	王兆峰和刘庆芳	2020	地区经济发展水平是产业发展的基本保障，高水平的经济条件能为产业提供有利的发展环境[2]
人均可支配收入	周鸿璋等	2022	人均可支配收入在一定程度上反映了国民的生活水平，也能反映城市的经济发展水平，经济发展水平与国民参与体育运动具有密切关系[5]
人均消费支出	王金伟等	2020	消费水平会影响体育产业的选址规划和经营发展[6]
铁路路网规模	周鸿璋等	2022	铁路拥有运行速度快和运输能力强的优势，能加速城市的客流量，对城市的发展具有一定的促进作用，但也对体育产业的规划和发展存在一定的阻隔[5]

---

[1] 孙双明,刘波,郭振,等. 改革开放以来中国滑雪场空间分布特征演变及影响因素研究[J]. 沈阳体育学院学报, 2019, 38（6）：8-15.
[2] 王兆峰,刘庆芳. 中国国家级特色小镇空间分布及影响因素[J]. 地理科学, 2020, 40（3）：419-427.
[3] 钟雪娇. 成渝地区双城经济圈产业结构空间格局演变及其影响因素分析[D]. 成都：西南财经大学, 2022.
[4] 白春燕. 江苏省健身休闲产业空间分布特征及影响因素研究[D]. 苏州：苏州大学, 2022.
[5] 周鸿璋,刘周敏,曹庆荣. 体育服务综合体空间分布特征及形成因素[J]. 体育教育学刊, 2022, 38（1）：55-63.
[6] 王金伟,郭嘉欣,刘乙,等. 中国滑雪场空间分布特征及其影响因素[J]. 地理研究, 2022, 41（2）：390-405.

续表

影响因素	研究者	时间	观点
铁路路网规模	钟雪娇	2022	交通的便捷性对体育产业的发展带来了积极的影响[1]
内河航道密度	刘周敏等	2020	绝大部分的体育产业集中分布在密集的交通网里，良好的交通环境给体育产业的发展提供了有利条件[2]
高速公路密度	段志勇等	2018	较高的交通可达性有助于扩大产业需求和规模[3]
	白春燕	2022	交通可达性较高的区域的体育产业数目分布更为集中[4]
城市公路密度	方叶林等	2019	交通通达性可以加速产业的发展、拉近城市之间的距离[5]
	王金伟等	2020	交通作为连接目的地和客源地之间的重要支撑，是选址的重要考虑因素[6]
体育产业增加值	李建辉和陈琳	2023	产业总产值直接作用于产业的空间分布[7]
体育消费水平	任庆伟和马景惠	2018	运动休闲市场的发育水平与居民可支配收入呈正相关关系[8]
体育从业人口	Wang 和 School	2015	人力资本因素可以有效促进生产性服务业发展[9]
体育场地覆盖率	于志英	2019	基础设施建设对消费性服务业发展影响较大，基础设施建设越好，越有助于推动消费性服务产业的发展[10]

---

[1] 钟雪娇. 成渝地区双城经济圈产业结构空间格局演变及其影响因素分析[D]. 成都：西南财经大学，2022.
[2] 刘周敏，周鸿璋，曹庆荣. 基于ArcGIS下国家级体育特色小镇空间分布特征及影响因素研究[J]. 成都体育学院学报，2020，45（4）：62-67.
[3] 段志勇，汪侠，刘丹丽，等. 国内外旅游交通研究现状及展望[J]. 旅游导刊，2018，2（4）：70-89.
[4] 白春燕. 江苏省健身休闲产业空间分布特征及影响因素研究[D]. 苏州：苏州大学，2022.
[5] 方叶林，黄震方，李经龙，等. 中国特色小镇的空间分布及其产业特征[J]. 自然资源学报，2019，34（6）：1273-1284.
[6] 王金伟，郭嘉欣，刘乙，等. 中国滑雪场空间分布特征及影响因素[J]. 地理研究，2022，41（2）：390-405.
[7] 李建辉，陈琳. 长江经济带农业产业强镇空间分布特征及影响因素分析[J]. 测绘通报，2023，551（2）：155-160，166.
[8] 任庆伟，马景惠. 体育文化的当代诠释与现实思考[J]. 体育学刊，2018，25（5）：20-24.
[9] WANG H, SCHOOL B.An empirical study on the competitiveness of producer service trade in China and its influencing factors[J]. Jiangsu commercial forum, 2015(7): 47-51.
[10] 于志英. 长三角城市群产业空间格局及驱动要素分析[D]. 北京：中国测绘科学研究院，2019.

续表

影响因素	研究者	时间	观点
各地区体育产业结构	赵岳峰	2002	要结合实际，根据区域产业结构调整的要求，对体育产业发展的布局作出调整[①]
体育产业聚集度	寇礼娟	2019	产业聚集度能够影响农业休闲产业的空间布局[②]
体育企业数量	李建辉和陈琳	2023	产业基础是产业空间分布差异的关键影响因素。企业数是产业基础因素的重要影响因子[③]
体育产业规模	Krugman	1993	产业规模是影响产业空间分布的主要因素之一，甚至有可能导致新产业区的形成[④]
体育需求	李云娥	2016	产业分布和企业的区位选择会受需求的影响[⑤]
体育财政拨款	白春燕	2022	体育产业发展专项资金会影响健身休闲业的空间分布[⑥]
体育税收优惠	邵明伟等	2015	在集聚初期，适当的税收优惠有利于产业集聚发展，税收政策可以实现多种调控目的[⑦]
体育政策支持	毛爽和朱菊芳	2020	产业政策为集聚点空间分布确定了目标任务、政策措施[⑧]
价值观念	侯德贤	2015	文化能够影响经济结构的调整与产业布局乃至社会成员日常生活[⑨]
消费习俗	彭华	2018	消费市场接近性是影响产业空间分布的重要原因[⑩]
历史基础	刘汉初等	2019	经济发展水平和历史基础是影响产业布局的因素[⑪]

---

① 赵岳峰. 我国体育用品产业结构和布局的研究[J]. 体育与科学, 2002（5）：20-21, 24.
② 寇礼娟. 永陵镇休闲农业产业空间分布特征及驱动因素分析[D]. 沈阳：沈阳农业大学, 2019.
③ 李建辉, 陈琳. 长江经济带农业产业强镇空间分布特征及影响因素分析[J]. 测绘通报, 2023, 551（2）：155-160, 166.
④ KRUGMAN P. On the relationship between trade theory and location theory [J]. Review of international economics, 1993, 1(2): 110-122.
⑤ 李云娥. 扩大内需背景下的效率与公平研究——基于本地市场效应模型的分析[J]. 财经问题研究, 2016（7）：12-18.
⑥ 白春燕. 江苏省健身休闲产业空间分布特征及影响因素研究[D]. 苏州：苏州大学, 2022.
⑦ 邵明伟, 钟军委, 张祥建. 地方政府竞争：税负水平与空间集聚的内生性研究——基于2000—2011年中国省域面板数据的空间联立方程模型[J]. 财经研究, 2015, 41（6）：58-69.
⑧ 毛爽, 朱菊芳. 江苏省体育产业集聚点分析[J]. 辽宁体育科技, 2020, 42（3）：11-17.
⑨ 侯德贤. 城市文化功能空间构成及其治理探析——基于城市文化生态系统的视角[J]. 中国文化产业评论, 2015,（22）：111-126.
⑩ 彭华. 中国新能源汽车产业空间布局的影响因素[J]. 东北亚经济研究, 2018, 2（4）：78-93.
⑪ 刘汉初, 樊杰, 周道静, 等. 2000年以来中国高耗能产业的空间格局演化及其成因[J]. 经济地理, 2019, 39（5）：110-118.

6.2.2.1 人口因素

人口因素采用年末总人口、人口密度、体育人口 3 个二级影响因素表示。龙飞等认为一定的人口规模或人口密度是市场发展的基本条件[1]。人口因素是决定产业发展水平的重要影响因素之一，人口密度越大，越容易聚集各种相关产业，对产业产生更大需求，从而促进行业的发展[2]。

6.2.2.2 地理因素

地理因素采用距核心城市的距离、地貌特征、气候、海拔高度、自然资源丰富度 5 个二级影响因素表示。拥有良好的地理条件代表着能获得更好的自然生产要素，能够吸引人、财、物的集聚。毛爽和朱菊芳认为独特的地理位置可以使集聚的人、才、物需要生产高质量、高服务的体育产品，而生产体育产品的体育产业集聚点也需要集聚的人、才、物，两者共同构成体育产业集聚点的空间分布[3]。

6.2.2.3 经济因素

经济因素采用各地区的 GDP、人均可支配收入、人均消费支出 3 个二级影响因素表示。市场对于消费品的需求越大，就会吸引越多的制造业企业建立和发展，各地区的 GDP 水平、人均可支配收入、人均消费支出 3 个因素在某种程度上可以代表地区消费者的购买能力[4]，从而用来衡量经济因素对体育产业分布的影响。

6.2.2.4 交通因素

交通因素采用铁路路网规模、内河航道密度、高速公路密度、城市公路密度 4 个二级影响因素表示。交通运输条件是体育产业区位选择的重要参考，张学良认为良好的交通基础缩短了地理距离，不仅通过降低运输成本、提高区域可达性来

---

[1] 龙飞，刘家明，朱鹤，等. 长三角地区民宿的空间分布及影响因素[J]. 地理研究，2019，38（4）：950-960.
[2] 李辉. 我国地区服务业发展影响因素研究[J]. 财贸经济，2004（7）：16-19.
[3] 毛爽，朱菊芳. 江苏省体育产业集聚点分析[J]. 辽宁体育科技，2020，42（3）：11-17.
[4] 王业强，魏后凯. 产业特征、空间竞争与制造业地理集中——来自中国的经验证据[J]. 管理世界，2007（4）：68-77，171-172.

增加地区的企业吸引力,还可以促进本地非体育部门的劳动力向体育部门转移[①]。1933年,瑞典著名经济学家伯特尔·俄林在其代表作《区际贸易与国际贸易》一书中写道,运输方便地区能够吸引大量资本和劳动力,并能成为重要市场[②]。除此之外,新经济地理学认为运输成本是影响工业企业在地区内布局的重要因素[③],一般采用地区公路网密度来表示交通资源禀赋[④],并认为地区公路密度越高,运输条件就越好,也更有利于降低运输成本,便于制造业的发展。

6.2.2.5 体育发展基础

体育发展基础采用体育产业增加值、体育消费水平、体育从业人口、体育场地覆盖率、各地区体育产业结构、体育产业聚集度、体育企业数量、体育产业规模和体育需求9个二级影响因素表示。有良好体育发展基础的区域,其体育产业规模较大,能够形成聚集效应。因此,体育发展基础将会影响产业空间分布。有研究指出,区域的经济发展水平对产业的空间分布有显著影响[⑤]。体育产业是产业的分支,因此在体育产业空间分布的研究中,应该重点考察体育产业的状况,以研究体育产业基本状况对于区域体育产业空间分布的影响。

6.2.2.6 政府行为

政府行为采用体育财政拨款、体育税收优惠、体育政策支持3个二级影响因素表示。好的政府行为能够从宏观上规划产业布局,优化产业空间分布。有学者研究发现政府决策对生产性服务业集聚有显著影响,能够影响产业空间分布[⑥]。

6.2.2.7 文化因素

文化因素采用价值观念、消费习俗和历史基础3个二级影响因素表示。如果

---

① 张学良. 中国交通基础设施促进了区域经济增长吗——兼论交通基础设施的空间溢出效应[J]. 中国社会科学,2012(3):60-77, 206.
② 伯特尔·俄林. 区际贸易与国际贸易[M]. 逯宇铎,等译. 北京:华夏出版社,2008:17-18.
③ 王勇. 中日间经济影响的乘数效应、溢出效应与反馈效应——基于中日国际投入产出表的研究[J]. 国际贸易问题,2016(4):83-94.
④ 李君华,彭玉兰. 中国制造业空间分布影响因素的实证研究[J]. 南方经济,2010(7):28-40.
⑤ 崔瑾. 河北省生产性服务业影响因素研究[D]. 北京:北京交通大学,2016.
⑥ 刘辉煌,雷艳. 中部城市生产性服务业集聚及其影响因素研究[J]. 统计与决策,2012(8):108-110.

区域有良好的体育消费观念和历史基础，那么该区域的体育产业会有较好发展，从而影响区域的产业空间分布。有研究发现，随着经济社会的不断发展，文化对经济发展与社会进步的影响力日益凸显，其能够影响经济结构的调整与产业布局乃至社会成员的日常生活[①]。

6.2.3 变量选取流程

6.2.3.1 经验删选

在使用文献资料法和专家访谈法的基础上，通过经验筛选初步建立了成渝地区体育产业空间分布的影响因素指标体系。其中，目标层为成渝地区体育产业空间分布，有7项一级影响因素指标、30项二级影响因素指标（表6-2）。

表6-2 本研究影响指标体系经验初选结果一览表

目标层 A	一级指标	二级指标
成渝地区体育产业空间分布	B1 人口因素	C1 年末总人口
		C2 人口密度
		C3 体育人口
	B2 地理因素	C4 距核心城市的距离
		C5 地貌特征
		C6 气候
		C7 海拔高度
		C8 自然资源丰富度
	B3 经济因素	C9 各地区的 GDP
		C10 人均可支配收入
		C11 人均消费支出
	B4 交通因素	C12 铁路路网规模
		C13 内河航道密度
		C14 高速公路密度
		C15 城市公路密度

---

① 侯德贤. 城市文化功能空间构成及其治理探析——基于城市文化生态系统的视角[J]. 中国文化产业评论, 2015（22）: 111-126.

续表

目标层 A	一级指标	二级指标
成渝地区体育产业空间分布	B5 体育发展基础	C16 体育产业增加值 C17 体育消费水平 C18 体育从业人口 C19 体育场地覆盖率 C20 各地区体育产业结构 C21 体育产业聚集度 C22 体育企业数量 C23 体育产业规模 C24 体育需求
	B6 政府行为	C25 体育财政拨款 C26 体育税收优惠 C27 体育政策支持
	B7 文化因素	C28 价值观念 C29 消费习俗 C30 历史基础

6.2.3.2 专家访谈

对于初步建立的成渝地区体育产业空间分布影响因素指标体系，需要通过专家访谈法来进行优化。本次专家访谈主要采用填写问卷的方式，将问卷发放给有关体育产业区域协同发展研究领域的专家、体育产业的学者和主管成渝地区体育产业发展的事业单位人员及企业工作者。本次专家访谈一共发放 10 份问卷，回收 10 份有效问卷，有效率为 100%。

本次问卷使用李克特量表，由于 5~7 级的李克特量表是较为理想的等级，以及超过 5 级的量表需要被试有更好的辨别能力，因此，本次研究专家访谈的问卷将使用 5 级李克特量表，以准确地收集专家的意见。其中，1 表示"非常不重要"，2 表示"不重要"，3 表示"一般"，4 表示"重要"，5 表示"非常重要"。

本次专家访谈结果将使用重要程度、离散程度和相对离散程度来对各位专家的评议结果进行统计分析。其中，重要程度是专家对该指标的意见集中程度，反映指标重要程度的大小；相对离散程度是专家对该指标评价的协调程度，V_j 越小，说明专家意见越协调。

（1）重要程度：用算数平均数 M_j 表示：

$$M_j = \frac{1}{n}\sum_{i=1}^{n} X_{ij}$$

（2）离散程度：用标准差 S_j 表示：

$$S_j = \sqrt{n-1\sum_{i=1}^{n}(X_{ij}-M_j)}$$

（3）相对离散程度：用变异系数 V_j 表示：

$$V_j = \frac{S_j}{M_j}$$

其中，j 为第 j 个指标；n 为有 n 位专家学者参加访谈；i 为第 i 位专家；X_{ij} 为第 i 位专家对第 j 个指标的打分。

6.3 影响因素初筛

6.3.1 第一轮专家筛选结果与分析

根据第一轮的专家问卷结果，使用 Excel 表格对数据进行计算，获得第一轮专家问卷一级指标和二级指标的重要程度、离散程度及变异系数。第一步是检验影响因素指标的重要程度，当一级指标的重要程度 $M_j<3.0$、二级指标的重要程度 $M_j<3.5$ 时，则认为其重要性较差，需要对这些数据进行进一步的分析。第二步就是通过变异系数对这些重要性较差的数据进行分析，若其变异系数 $V_j>3.0$，则证实专家对重要性较差指标的意见协调程度较低。第三步是结合研究目的、研究需求及专家意见，对重要性和意见协调程度都较低的指标进行修改。

首先，根据专家对初步确立的成渝地区体育产业空间分布影响因素指标体系一级指标的评分统计（表 6-3），对一级指标进行重要程度、变异系数的分析，然后对一级指标进行修改。由表 6-3 可以看出，专家认为人口因素、地理因素、经济因素、交通因素、体育发展基础和政府行为这 6 个指标重要程度 M_j 均大于 4.0，这说明专家认为这 6 个因素能够显著影响成渝地区体育产业空间分布，其重要性较高。此外，这6个指标的变异系数V_j均小于0.3，这反映出专家对这6个影响因素指标的意见协调度较高。但专家认为文化因素这个指标的重要性较低，$M_j<3.0$。再进一步观察文化因素的变异系数V_j发现，$V_j>0.3$，这表明专家对于文化因素这个指标的意见协调度较低。因此，为了确保成渝地区体育产业空间分布影响因素指标体系的科学性，课题组将重新思考文化因素列入一级指标的合理性。

表6-3 第一轮专家问卷一级指标重要程度、离散程度、变异系数一览表

一级指标	重要程度（M_j）	离散程度（S_j）	变异系数（V_j）
B1 人口因素	4.2	0.7888	0.1878
B2 地理因素	4.1	0.8756	0.2136
B3 经济因素	4.6	0.5164	0.1123
B4 交通因素	4	0.8165	0.2041
B5 体育发展基础	4.1	0.7379	0.1800
B6 政府行为	4.3	0.8233	0.1915
B7 文化因素	2.9	0.9944	0.3429

课题组最初将文化因素纳入成渝地区体育产业空间分布的影响因素指标体系中，是基于产业布局理论中提到历史基础能够影响产业布局。但专家组认为文化因素能够影响成渝地区体育产业空间布局的逻辑关系是不恰当的。因此，针对这一建议，课题组再次思考了文化因素作为一级指标的合理性。本次影响因素指标体系的构建的主要研究对象是成渝地区，由于成渝地区同属于巴蜀文化，其价值观念和消费习惯差异较小。何一民等认为，成渝双城兄弟情深，血脉相连、生生不息，成渝地区具有巴蜀文化的共同属性与价值取向[1]。此外，本研究主要针对体育产业布局，体育产业作为新兴产业，其在成渝地区的发展历史基础不存在显著差异。基于上述思考及专家意见，决定将文化因素这一指标予以删除。因此，文化因素下属的二级指标一并删除。

其次，根据专家的评分对二级指标进行统计分析（表6-4和表6-5）。二级指标的分析，第一是计算所有二级因素的重要程度；第二是将$M_j<3.5$的二级指标单独列出，并进一步计算其变异系数V_j。观察表6-3和表6-4，可发现专家认为文

---

[1] 何一民，崔峰，何永之. 多维度视阈下成渝地区双城经济圈建设探析[J]. 四川师范大学学报（社会科学版），2021, 48（3）：180-190.

化因素一级指标下的二级指标的重要程度较低，M_j均小于3.5，并且其变异指数V_j均大于0.3。因此，综合专家对于一级指标的意见及本研究的目的，将价值观念、消费习俗和历史基础删除。此外，专家认为自然资源丰富度和体育需求的重要程度较低，M_j<3.5。通过表6-5可以发现，其变异系数V_j均大于0.3，这说明各专家在对这些指标的意见上存在较大差异。

表6-4 第一轮专家问卷二级指标重要程度一览表

二级指标	重要程度（M_j）	二级指标	重要程度（M_j）
C1 年末总人口	3.7	C16 体育产业增加值	4
C2 人口密度	3.6	C17 体育消费水平	4.2
C3 体育人口	3.7	C18 体育从业人口	3.7
C4 距核心城市的距离	3.6	C19 体育场地覆盖率	4.2
C5 地貌特征	3.7	C20 各地区体育产业结构	3.9
C6 气候	3.5	C21 体育产业聚集度	3.9
C7 海拔高度	3.6	C22 体育企业数量	4.3
C8 自然资源丰富度	3	C23 体育产业规模	3.9
C9 各地区的GDP	4.2	C24 体育需求	3.1
C10 人均可支配收入	4.2	C25 体育财政拨款	4.3
C11 人均消费支出	3.9	C26 体育税收优惠	3.8
C12 铁路路网规模	3.7	C27 体育政策支持	4.4
C13 内河航道密度	3.7	C28 价值观念	2.7
C14 高速公路密度	4	C29 消费习俗	3.3
C15 城市公路密度	3.6	C30 历史基础	2.5

表6-5 第一轮专家问卷影响因素指标体系M_j<3.5的二级指标重要程度、离散程度、变异系数一览表

二级指标	重要程度（M_j）	离散程度（S_j）	变异系数（V_j）
C8 自然资源丰富度	3	1.2472	0.4157
C24 体育需求	3.1	0.9944	0.3208
C28 价值观念	2.7	1.0593	0.3924
C29 消费习俗	3.3	1.0593	0.3210
C30 历史基础	2.5	0.9718	0.3887

根据专家问卷评分及提出的意见，结合查阅的文献资料及本研究进程中的发现，将二级指标中的自然资源丰富度、体育需求、价值观念、消费习俗和历史基础删除，这些指标删除原因的具体分析如下。

第一，体育需求指标指向太大，并不是能够直接获得或评价的指标，并且体育需求可以从体育人口这一定量指标进行分析。因此，将体育需求指标删除。

第二，自然资源丰富度指标的概念难以做到准确与统一，在统计过程中容易出现偏差，并且在自然资源丰富度中，只有体育自然旅游资源能够影响体育产业分布。因此，该项指标指向太大，不宜被选为影响因素指标，需要将其删除。

第三，由于专家认为一级指标文化因素及其下属的二级指标价值观念、消费习俗和历史基础的重要性较低，并且这些因素属于定性指标，统计起来存在难度。因此，将这3个指标一并删除。

结合第一轮专家访谈的分析和课题组再次研究的结果，确立成渝地区体育产业空间分布影响因素指标体系，如表6-6所示。

表6-6　第一轮调整后成渝地区体育产业空间分布影响因素指标体系一览表

目标层 A	一级指标	二级指标
成渝地区体育产业空间分布	B1 人口因素	C1 年末总人口 C2 人口密度 C3 体育人口
	B2 地理因素	C4 距核心城市的距离 C5 地貌特征 C6 气候 C7 海拔高度
	B3 经济因素	C9 各地区的 GDP C10 人均可支配收入 C11 人均消费支出
	B4 交通因素	C12 铁路路网规模 C13 内河航道密度 C14 高速公路密度 C15 城市公路密度
	B5 体育发展基础	C16 体育产业增加值 C17 体育消费水平

续表

目标层 A	一级指标	二级指标
成渝地区体育产业空间分布	B5 体育发展基础	C18 体育从业人口 C19 体育场地覆盖率 C20 各地区体育产业结构 C21 体育产业聚集度 C22 体育企业数量 C23 体育产业规模
	B6 政府行为	C25 体育财政拨款 C26 体育税收优惠 C27 体育政策支持

6.3.2 第二轮专家筛选结果与分析

根据第一轮专家打分结果对各影响因素进行修正，得到第二轮专家打分调查问卷。问卷采用李克特量表，重要程度分为非常认同、比较认同、一般认同、不认同、非常不认同，对应的赋值分数分别为 5、4、3、2、1 分。发放打分问卷的对象主要是研究有关体育产业的专家和学者及成渝地区体育事业的从业人员等。本次打分共发放 30 份问卷（附录 3），收回 28 份，问卷回收率约为 93%。

根据专家打分的结果显示，6 个一级指标的重要程度 M_j 均大于 4.0（表 6-7），即在总体上得到了专家的认可。

表 6-7 第二轮专家问卷一级指标重要程度、离散程度、变异系数一览表

序号	一级指标	重要程度（M_j）	离散程度（S_j）	变异系数（V_j）
1	人口因素	4.0714	0.8133	0.1997
2	地理因素	4.2500	0.7515	0.1768
3	经济因素	4.4286	0.5727	0.1293
4	交通因素	4.2143	0.8325	0.1976
5	体育发展基础	4.1786	0.7228	0.1730
6	政府行为	4.0714	0.7164	0.1760

其中，二级指标有 25 个，根据第二轮专家调查结果如表 6-8 所示。

表 6-8 第二轮专家问卷二级因素指标重要程度一览表

二级指标	重要程度（M_j）	二级指标	重要程度（M_j）
C1 年末总人口	3.9286	C15 城市公路密度	3.8929
C2 人口密度	4.1429	C16 体育产业增加值	4.3214
C3 体育人口	4.1071	C17 体育消费水平	4.3214
C4 距核心城市的距离	3.9643	C18 体育从业人口	4.1786
C5 地貌特征	3.6429	C19 体育场地覆盖率	3.8214
C6 气候	2.7143	C20 各地区体育产业结构	4.1786
C7 海拔高度	2.8571	C21 体育产业聚集度	3.7857
C9 各地区的 GDP	3.9286	C22 体育企业数量	3.8214
C10 人均可支配收入	3.6786	C23 体育产业规模	2.9643
C11 人均消费支出	3.6786	C25 体育财政拨款	3.8571
C12 铁路路网规模	3.7500	C26 体育税收优惠	3.6429
C13 内河航道密度	3.8571	C27 体育政策支持	3.8929
C14 高速公路密度	3.8214		

由表 6-8 可知，在专家对于以上 25 个指标的打分结果中，有 3 个指标的重要程度较低，其 M_j 均小于 3.5，分别是气候、海拔高度和体育产业规模。进一步观察发现，3 个指标的变异系数均大于 0.3，这表明专家对重要性较差指标的意见协调程度较低（表 6-9）。其中，部分专家认为成渝地区双城经济圈的气候差异较小，不足以产生显著影响；海拔高度与地貌特征之间存在包含关系，故选择保留范围更宽的地貌特征。除此之外，体育产业规模指标过于笼统，不便量化考核，故选择删除。最后，第二轮调整后的成渝地区体育产业空间分布影响因素指标体系如表 6-10 所示。

表 6-9 第二轮专家问卷指标体系 $M_j<3.5$ 的二级指标重要程度、
离散程度、变异系数一览表

二级指标	重要程度（M_j）	离散程度（S_j）	变异系数（V_j）
C6 气候	2.7143	1.0838	0.3993
C7 海拔高度	2.8571	1.0079	0.3528
C23 体育产业规模	2.9643	1.0357	0.3494

表 6-10　第二轮调整后的成渝地区体育产业空间分布影响因素指标体系一览表

目标层 A	一级指标	二级指标
成渝地区体育产业空间分布	B1 人口因素	C1 年末总人口
		C2 人口密度
		C3 体育人口
	B2 地理因素	C4 距核心城市的距离
		C5 地貌特征
	B3 经济因素	C9 各地区的 GDP
		C10 人均可支配收入
		C11 人均消费支出
	B4 交通因素	C12 铁路路网规模
		C13 内河航道密度
		C14 高速公路密度
		C15 城市公路密度
	B5 体育发展基础	C16 体育产业增加值
		C17 体育消费水平
		C18 体育从业人口
		C19 体育场地覆盖率
		C20 各地区体育产业结构
		C21 体育产业聚集度
		C22 体育企业数量
	B6 政府行为	C25 体育财政拨款
		C26 体育税收优惠
		C27 体育政策支持

通过两轮专家问卷的打分，对调整后的成渝地区体育产业空间分布影响因素指标体系进行修改。其中，在第一轮专家问卷打分后对影响因素体系进行了较大的修改和调整，而在第二轮专家问卷打分后进行的修改相对较少，意见基本达到了统一。因此，选择将第二轮专家问卷打分调整后的影响因素指标体系作为最终的成渝地区体育产业空间分布影响因素指标体系。

6.4 影响因素确立

6.4.1 问卷调查说明

基于两轮专家问卷打分结果修改的成渝地区体育产业空间分布影响因素指标体系，将22个二级指标因素作为选项，采用李克特量表设计调查问卷进行调查。

6.4.1.1 样本容量选取

在实证研究中一般要求研究的样本数达到一定规模。根据本研究的需要，为了让选取的研究样本具有代表性，问卷的发放对象主要是研究有关体育产业的专家和学者及成渝地区体育事业的从业人员等。本次调查一共发放了130份问卷，回收且有效的问卷118份，问卷有效率约为90.77%。

6.4.1.2 问卷的信度检验

问卷的设计应科学、合理，且可以真实反映出所要调查的问题，而判断问卷的设计是否满足以上要求，通常采用信度和效度两个指标来检验问卷的科学性。信度是衡量研究数据可靠性的重要指标，通常是指问卷数据结果的稳定性、一致性和可靠性。研究问卷的内在一致性一般采用克隆巴赫系数（Cronbach's α）来检验。一般认为克隆巴赫系数大于0.7即可表明该量表的内在一致性较好。将118份问卷导入 SPSS 18.0 软件进行分析，得到6个一级指标及问卷整体的克隆巴赫系数均大于0.7（表6-11），可以认为该问卷的内在信度较好，即问卷具有较高的可靠性。

表6-11　问卷可靠性分析：Cronbach's α 值

一级指标	项目数	Cronbach's α系数	
人口因素	3	0.705	
地理因素	2	0.780	
经济因素	3	0.805	0.742
交通因素	4	0.853	
体育发展基础	7	0.878	
政府行为	3	0.733	

6.4.1.3　问卷的效度检验

效度是指测量工具或手段能够准确测出所需测量事物的程度。通常情况下，效度包括表面效度和结构效度。表面效度是指在主观上判断问卷是否合理，结构效度是指实验与理论之间的一致性，一般采用因子分析法进行检验。进行因子分析的各变量之间应相互独立，因此在进行因子分析前，需要先对 22 个变量进行独立样本 T 检验，以确认它们的区分度。由表 6-12 可知，该 22 个二级指标间相互独立，具有较好的区分度（$P<0.01$），因此本研究采用探索性因子分析法进行下一步的问卷效度检验。

表 6-12　各变量区分度检验表

项目	T 值	P 值	项目	T 值	P 值
C1	22.982	0.000**	C15	14.289	0.000**
C2	20.860	0.000**	C16	13.102	0.000**
C3	17.396	0.000**	C17	16.903	0.000**
C4	70.000	0.000**	C18	13.575	0.000**
C5	20.841	0.000**	C19	24.421	0.000**
C9	14.594	0.000**	C20	18.995	0.000**
C10	12.934	0.000**	C21	19.199	0.000**
C11	17.046	0.000**	C22	20.239	0.000**
C12	13.466	0.000**	C25	18.840	0.000**
C13	14.289	0.000**	C26	23.431	0.000**
C14	16.490	0.000**	C27	13.851	0.000**

**在 0.01 水平下差异性显著。

（1）KMO 和巴特利特球形检验。在进行探索性因子分析之前，需要对 KMO 和巴特利特进行检验。KMO 的取值为 0～1，一般越接近 1，表明越适合进行因子分析。本研究将 118 份问卷导入 SPSS 18.0 软件进行分析，KMO 和巴特利特球形检验的结果如表 6-13 所示。

表 6-13　KMO 和巴特利特球形检验的结果

KMO 和巴特利特球形检验		
取样足够度的 KMO 度量		0.700
巴特利特球形检验	近似卡方值	1542.247
	df	231
	Sig.	0.000

从表 6-13 可以看出，本研究获得的 KMO 值为 0.700，即可以进行因子分析，巴特利特球形检验近似卡方值为 1542.247，自由度（df）为 231，显著性（Sig.）为 0.000，在小于 0.001 水平上达到显著，表明该数据适合进行因子分析。

（2）探索性因子分析。在 KMO 和巴特利特球形检验基础上，利用 SPSS 18.0 软件进一步对 22 个指标进行因子分析，得到的总方差分解数据如表 6-14 所示。

表 6-14　因子解释原有变量总方差分解一览表

成分	初始特征值			提取平方和载入			旋转平方和载入		
	合计	方差解释率/%	累积/%	合计	方差解释率/%	累积/%	合计	方差解释率/%	累积/%
1	5.138	23.355	23.355	5.138	23.355	23.355	4.14	18.817	18.817
2	3.75	17.045	40.4	3.75	17.045	40.4	3.328	15.128	33.945
3	2.641	12.005	52.405	2.641	12.005	52.405	2.375	10.796	44.741
4	1.851	8.413	60.819	1.851	8.413	60.819	2.182	9.919	54.66
5	1.69	7.68	68.498	1.69	7.68	68.498	2.075	9.431	64.09
6	1.03	4.681	73.179	1.03	4.681	73.179	1.999	9.089	73.179
7	0.812	3.692	76.871						
8	0.77	3.498	80.369						
9	0.616	2.799	83.167						
10	0.556	2.528	85.696						
11	0.496	2.255	87.951						
12	0.449	2.041	89.992						
13	0.408	1.855	91.847						
14	0.357	1.624	93.471						
15	0.28	1.273	94.745						
16	0.27	1.228	95.972						

续表

成分	初始特征值			提取平方和载入			旋转平方和载入		
	合计	方差解释率/%	累积/%	合计	方差解释率/%	累积/%	合计	方差解释率/%	累积/%
17	0.229	1.04	97.012						
18	0.171	0.776	97.789						
19	0.14	0.638	98.426						
20	0.137	0.623	99.05						
21	0.115	0.524	99.573						
22	0.094	0.427	100						

由表6-14的数据可以看出，有6个因子的初始特征值大于1，这一结果表明，成渝地区体育产业空间分布影响因素指标体系可以划分为6个维度。从旋转平方和载入这一项可以发现，6个主成分的方差解释率分别为18.817%、15.128%、10.796%、9.919%、9.431%和9.089%，这6个因子的总体方差贡献率达到了73.179%，表明这6个因子可以反映22个题项73.179%的信息，即这6个因子能较好地代替总体数据。因此，可以认为本研究选择的22个指标是合理的。

为更好地解释通过主成分分析提取的6个因子之间的差异，利用SPSS 18.0软件采用最大方差法对提取后的6个因子进行正交旋转。基于最大方差法的正交旋转在保证各题目的共同性不变的前提下，对其因子载荷量进行重新分配，使未旋转前载荷量较高的因子具有更高的载荷量，使载荷量较低的因子具有更低的载荷量。为了便于观察和分析，在确保各因子对应的载荷数据不变的情况下，将行列进行了相对移动，并为各归类加上了底纹，以便观察。旋转后的因子载荷矩阵如表6-15所示。

表6-15 旋转后的因子载荷矩阵一览表

编号	指标名称	旋转成分矩阵(a)					
		成分					
		1	2	3	4	5	6
C18	体育从业人口	0.862	0.038	0.134	0.114	−0.036	0.153
C17	体育消费水平	0.798	−0.141	0.168	0.022	0.034	0.115
C19	体育场地覆盖率	0.77	0.162	0.03	0.123	0.305	−0.147
C20	各地区体育产业结构	0.719	0.283	−0.169	0.124	0.196	−0.22

续表

		旋转成分矩阵(a)					
编号	指标名称	成分					
		1	2	3	4	5	6
C16	体育产业增加值	0.698	-0.117	-0.005	0.14	-0.02	-0.213
C21	体育产业聚集度	0.678	0.423	-0.167	0.138	-0.126	0.092
C22	体育企业数量	0.581	0.282	-0.208	-0.229	0.287	-0.324
C14	高速公路密度	0.061	0.892	0.069	-0.061	-0.007	-0.19
C15	城市公路密度	0.004	0.832	0.114	-0.169	-0.079	-0.085
C13	内河航道密度	0.063	0.801	0.042	0.035	-0.05	0.123
C12	铁路路网规模	0.123	0.714	0.185	0.054	0.14	0.078
C11	人均消费支出	-0.078	0.031	0.88	-0.077	-0.14	-0.009
C10	人均可支配收入	0.079	0.208	0.793	-0.141	0.149	0.196
C9	各地区的GDP	0.071	0.254	0.688	0.01	-0.035	0.478
C5	地貌特征	0.132	-0.004	-0.006	0.883	0.064	0.105
C4	距核心城市的距离	0.166	-0.12	-0.121	0.829	0.038	-0.094
C1	年末总人口	0.078	-0.252	0.075	0.246	0.799	-0.026
C3	体育人口	-0.032	0.144	0.052	-0.246	0.769	-0.023
C2	人口密度	0.266	0.026	-0.227	0.301	0.703	0.129
C26	体育税收优惠	-0.409	-0.126	0.004	-0.003	0.041	0.699
C25	体育财政拨款	-0.08	-0.192	0.282	-0.532	-0.164	0.667
C27	体育政策支持	0.161	0.167	0.38	0.157	0.117	0.656

根据表6-15显示，问卷中所包含的22个题项可以很好地聚合于6个因子。结果显示：因子1主要体现在原始变量C18、C17、C19、C20、C16、C21、C22上，将其命名为体育发展基础；因子2主要体现在原始变量C14、C15、C13、C12上，将其命名为交通因素；因子3主要体现在原始变量C11、C10、C9上，将其命名为经济因素；因子4主要体现在原始变量C5、C4上，将其命名为地理因素；因子5主要体现在原始变量C1、C3、C2上，将其命名为人口因素；因子6主要体现在原始变量C26、C25、C27上，将其命名为政府行为。此结果与构建的影响因素指标体系相一致，说明成渝地区体育产业空间分布影响因素调查问卷具有较好的结构效度，也表明本研究建立的成渝地区体育产业空间分布影响因素指标体系具有科学性和合理性。

通过以上分析，可以认为第二轮调整后的成渝地区体育产业空间分布影响因素指标体系具有良好的信度和效度，最终确定的成渝地区体育产业空间分布影响因素指标体系如表 6-16 所示。

表 6-16　成渝地区体育产业空间分布影响因素指标体系一览表

目标层 A	一级指标	二级指标
成渝地区体育产业空间分布	B1 人口因素	C1 年末总人口 C2 人口密度 C3 体育人口
	B2 地理因素	C4 距核心城市的距离 C5 地貌特征
	B3 经济因素	C9 各地区的 GDP C10 人均可支配收入 C11 人均消费支出
	B4 交通因素	C12 铁路路网规模 C13 内河航道密度 C14 高速公路密度 C15 城市公路密度
	B5 体育发展基础	C16 体育产业增加值 C17 体育消费水平 C18 体育从业人口 C19 体育场地覆盖率 C20 各地区体育产业结构 C21 体育产业聚集度 C22 体育企业数量
	B6 政府行为	C25 体育财政拨款 C26 体育税收优惠 C27 体育政策支持

6.4.2　影响因素释义

6.4.2.1　人口因素维度

人口因素维度由年末总人口、人口密度、体育人口 3 个二级指标构成。其中，年末总人口表示某一年末该城市的人口数量，反映了该地区的人口规模，庞大的人口规模能为地区带来充足的人力资源，提升人流量，带动产业的发展。人口密度表示单位面积土地上居住的人口数量，它是衡量一个地区人口密集程度的指标。一般情况下，经济发展水平越高，城市的人口密度也就越高，该地区相关产业发展也越好，反之则越低[1]。体育人口是指经常从事体育锻炼、参与运动训练，具有统计意义的一种社会群体，该群体具有较高的体育文化素质。某地区的体育人口越多，则体育人力资本越丰富，从而体育产业的发展水平也就越高，越能吸引相关体育产业的聚集。

6.4.2.2 地理因素维度

地理因素维度由距核心城市的距离、地貌特征2个二级指标构成。其中，距核心城市的距离代表成渝地区双城经济区所覆盖的各城市离成都、重庆两座核心城市的距离，杜兆康认为核心城市的辐射能够引领促进体育产业建设[2]。地貌特征反映了某一地区的地面状况基本特性，包括地形类型（平原、丘陵、盆地等）、海拔高度等。王金伟等认为地貌特征是体育产业选址的重要先决条件[3]。王兆峰和刘庆芳认为海拔较低、地势相对平坦的地区更有利于体育产业的建设及经济社会发展[4]。

6.4.2.3 经济因素维度

经济因素维度由各地区的GDP、人均可支配收入、人均消费支出3个二级指标构成。其中，各地区的GDP是指某一地区在核算周期内的生产总值，它反映的是一个地区的经济基础，用来衡量该地区的经济发展水平。好的经济发展水平可以为体育产业的发展提供良好的环境，城市的经济发展水平越高，越能在区域经济中占据有利地位，吸引资源和相关产业向该城市集聚，从而促进当地企业的发

---

[1] 白雅洁,陈鑫鹏,许彩艳.我国西部地区经济发展空间分布特性及影响因素分析[J].兰州财经大学学报,2018,34（2）：86-98.
[2] 杜兆康.基于GIS的广东省休闲体育产业空间分布特征分析[C]//国家体育总局体育文化发展中心,中国体育科学学会体育史分会.2022年粤港澳大湾区滨海体育休闲产业发展论坛论文摘要集.[出版地和出版社不详],2022：2.
[3] 王金伟,郭嘉欣,刘乙,等.中国滑雪场空间分布特征及其影响因素[J].地理研究,2022,41（2）：390-405.
[4] 王兆峰,刘庆芳.中国国家级特色小镇空间分布及影响因素[J].地理科学,2020,40（3）：419-427.

展[1]。人均可支配收入是指全体居民可自由选择用于消费、储蓄的收入的平均值，它不仅能反映一个地区的居民收入水平，代表居民的实际财富值和国民的生活水平，还能体现一个地区的居民消费能力和经济发展水平，而经济发展水平则与国民参与体育运动具有密切关系。人均消费支出是指全体居民用于满足家庭日常生活消费的全部支出的平均值，它体现了一个地区的体育消费水平，体育消费水平也是驱动体育产业发展的重要因素。

6.4.2.4 交通因素维度

交通因素维度由铁路路网规模、内河航道密度、高速公路密度、城市公路密度4个二级指标构成。交通作为连接企业与消费者地理位置之间的重要支撑，是产业选址的重要考虑因素[2]。其中，我国铁路路网规模、高速公路密度和城市公路密度等级的逐渐提升和规模的不断扩大，促进了劳动力、资金等生产要素在地区内的自由流动，对体育产业布局的塑造也产生了深刻的影响。内河航道密度是指在内陆水域中用于船舶航行的通道密度，无论是水域还是陆域，交通的便捷性都能为产业的发展带来积极的影响，而交通可达性较高的区域的体育产业分布也会更为集中。

6.4.2.5 体育发展基础维度

体育发展基础维度由体育产业增加值、体育消费水平、体育从业人口、体育场地覆盖率、各地区体育产业结构、体育产业聚集度和体育企业数量7个二级指标构成，反映了体育产业发展基础。其中，体育产业增加值代表了各区域的体育产业发展状况，能够直接影响体育产业空间分布。体育消费水平用该地区的人均体育消费支出来衡量，体育消费水平的差异也会影响体育产业空间分布。体育场地覆盖率作为基础设施，各地区能够通过较高的场地覆盖率来推动体育产业的发展。体育从业人口作为知识要素的载体，不仅能促进体育行业的快速发展，还能通过人才聚集创新知识，保持体育产业的先进性和可持续性发展，是促进体育产业发展的重要因素。各地区体育产业结构的差异也会影响成渝地区双城经济圈体

---

[1] 杨永亮. 长三角地区生产性服务业空间分异及其影响因素研究[D]. 杭州：浙江财经学院，2013.
[2] 王金伟，郭嘉欣，刘乙，等. 中国滑雪场空间分布特征及其影响因素[J]. 地理研究，2022，41（2）：390-405.

育产业空间分布，例如，达州等地多发展体育制造业，该区域的产业分布以制造业为主。体育产业聚集度将直接影响产业聚集区的分布，从而影响产业空间分布。体育企业数量是产业基础因素的重要影响因子，各区域体育企业数量能够直观反映区域内体育产业空间分布的特征。

6.4.2.6 政府行为维度

政府行为维度由体育财政拨款、体育税收优惠和体育政策支持3个二级指标构成。李世杰等认为我国政府行为对产业空间分布的影响并非是偶然因素，"看得见的手"一直在我国经济发展、转型中发挥着重要作用；特别是财政分权后，地方政府的自主性提高，有目的地通过财政、税收等方式参与市场经济，影响了企业的区位选择。因此，本研究用体育税收优惠和体育财政拨款作为体育产业空间分布的影响因素[①]。此外，制度是影响产业发展的重要因素，一般采用政府规模或者法治水平进行表示[②]，根据我国实际情况，政府的相关政策对产业的作用更强，选取体育政策支持作为政府行为的二级因素，能够更好地反映政府行为对产业空间分布的影响。

[①] 李世杰, 邱士可, 杨文新, 等. 河南省产业转移承接能力空间差异分析[J]. 河南科学, 2014, 32（11）：2350-2354.
[②] 杨欢. 中部地区生产性服务业集聚发展与影响因素研究[D]. 湘潭：湘潭大学, 2014.

7 成渝地区双城经济圈体育产业协同发展机制

根据成渝地区双城经济圈体育产业空间分布影响因素指标体系，本部分分别从协同发展困境探因、协同发展机制的目标、协同发展机制框架模型的提出3个方面构建成渝地区双城经济圈体育产业协同发展机制，以便更好地推动成渝地区双城经济圈体育产业协调发展，为成渝地区体育产业协调发展对策提供依据。

7.1 成渝地区双城经济圈体育产业协同发展困境探因

7.1.1 成渝地区双城经济圈协同发展的困境

协同发展需要两个前提条件：一是合作足够深入，重要要素间能实现对接融合；二是区域内经济发展水平较高，且经济实力较强。换句话讲，协同发展理应是经济一体化达到较高程度和区域合作达到较深层次的产物。关于成渝地区双城经济圈体育产业协同发展的现状的确存在一些问题，大致包括如下几个方面。

7.1.1.1 横向协同较少

统筹成渝地区双城经济圈体育产业资源，兼顾协同共建、产业融合、均衡发展等原则，以重庆主城都市区和成都双核为驱动，辐射川渝全域，共同构建成渝地区双城经济圈体育产业"双核双圈、一轴八点、两翼全域"的发展新格局，用以推动成渝地区体育产业高质量发展，强化成渝地区双城经济圈体育产业对川渝其他地区的辐射带动作用，使综合实力得到整体提升。但是通过各地区签署的协议或者意见来看，成渝地区双城经济圈只形成了少数几个区域内的合作，各区域之间的联动较少。例如，重庆和成都进行过多次协商对话、签订过相对应的协同发展协议，对成渝地区双城经济圈建设进行了整体布局与规划。成都作为省会城市，对区域内的其他城市具有较强的联结力和号召力，同时与重庆协同合作关系最为紧密，又作为核心城市参与其他区域群体的建构，带动整个区域的发展。德阳、资阳、眉山、遂宁这几个城市区域间的合作较多。内江、自贡、泸州、宜宾川南片区的城市区域，采用体育合作抱团协同发展模式，泸州、宜宾作为川南片区经济较发达地区，与川南片区其他城市、相邻重庆部分区域开展体育合作交流，促进川南片区体育协同发展。绵阳、广安、南充、达州处于成渝地区北翼地带，也属于川东北经济区。在成渝地区双城经济圈发展建设、四川体育局总体布局规划下，广安与达州作为川渝边界城市，抓住机遇，积极与重庆合川及开州区域开展体育合作、签订体育合作协议，主动融入成渝地区体育协作治理网络中。绵阳、南充相对于广安与达州两市，与重庆区域合作相对较少，但与川东区域相邻城市有一定的体育合作联系。体育产业集群速度缓慢，各地区长期的独立产业建设和政府行政管理导致行政壁垒短时间内难以得到突破，造成各地区存在市场分割和地方保护等现象，这也是横向协同较少的原因，多地区间的竞争关系大于合作关系。以交通建设为例，成都—重庆的高铁线路是成渝地区双城经济圈上升到国家战略后才逐渐增建的，这种情况的出现往往是因为区域之间进行的狭隘的"内斗"，不仅耗费了各行政区域的"精力"，还不利于当地的整体发展和区域间的协同发展。各发展主体之间也存在着利益博弈，其合作机制主要以政府为主导，以企业参与为辅助，通过市场来调节，但在与企业合作时，往往缺乏合适的载体和监管机制。

7.1.1.2 纵向协同不足

缘起于成渝地区双城经济圈合作的区域并不少，但合作深度低于预期。各行政区域间的体育产业内合作，往往只有两三个种类的合作。例如，体育培训与教育产业往往只与体育产品销售、贸易代理与出租的合作，多适用于应试教育，鲜少从儿童兴趣出发，也不将目标设为培养儿童的一两种运动技能。体育健身休闲活动产业中的体育文化活动往往是带有推广性质的，或者是非营利性质的，与体育管理活动产业或者体育场馆服务产业联系较深，联系多是量的累积而很少有质上的合作。

7.1.1.3 成渝地区双城经济圈协同发展各区域存在差距

成渝地区双城经济圈作为新上升到国家战略的经济圈,是我国重要的新经济增长极,川渝两地协同补链强链,携手构建高效分工、相互融合的现代产业体系。但是从区域发展来看,不平衡的问题依旧突出,尤其是在省会城市成都与边缘城市之间。2021 年,四川体育产业总规模(总产出)为 1993.39 亿元,增加值为 735.05 亿元,占当年四川 GDP 的比重为 1.36%。从名义增长来看,总规模比 2020 年增长 15.0%,增加值增长 13.4%。

2021 年,体育服务业增加值为 562.67 亿元,在体育产业增加值中所占比重为 76.5%,比 2020 年下降 2.4%;体育制造业年增加值为 120.37 亿元,在体育产业中所占比重为 16.4%,比 2020 年提高了 1.9%;体育建筑业增加值为 52.01 亿元,在体育产业中所占比重为 7.1%,比 2020 年提高了 0.5%。

2021 年,体育用品及相关产品制造和体育场地设施建设增加值现价增长速度分别为 27.8% 和 21.4%。体育经纪与代理、广告与会展、表演与设计服务、体育健身休闲活动、体育传媒与信息服务和体育教育与培训年现价增长速度分别为 3.5%、13.4%、6.5% 和 9.2%,比 2020 年分别下降了 11.5%、11%、4.6% 和 1.2%。同时,从城镇居民人均收入水平、消费水平等指标来看,各区域差距悬殊。

7.1.1.4 全局意识和统筹决策能力有待提高

各行政区域存在硬实力差距和跨区域管理职能不便行使等问题,毫无疑问,这是历史遗留的问题,同时又在体育产业中普遍存在,同质化竞争、分工不足、重复浪费等问题受其影响也逐渐明显,主要原因如下:其一,政府的决策措施往往涉及多部门、多单位,协调的成本过高,而收益常常不明显,由于行政壁垒、注重短期效率和干部政绩观等形成不良的决策思维,如存在于各省市的"自扫门前雪"思维。与此同时,以省市为单位的政绩考核制度不可避免地引发当地政府之间产生博弈现象。例如,各区域出现拼政策、拼资源、拼服务和拼成本等现象。在此背景下,成渝地区双城经济圈所需的关于协同发展的全局意识、统筹决策并没有自觉树立起来。对于政府来说,究其根源,其深处意识的主基调仍然是本位主义。其二,在现实中存在规模报酬递减的问题,造成"1+1<2"的局面。不过,

一体化意味着会产生"集体选择",或者可能会出现两种情况:①"搭便车",即本身付出较少成本,却想要获取较大的利益;②"大锅饭",希望通过付出很少的努力和精力,却仍然能够平分利益。从现阶段来看,我国区域一体化发展的根基主要是协议,约束性没有法律法规强,而由于缺乏法律法规约束,没有强制性的保障策略,对于已约定好的内容,如果执行的利益分配不足、承担风险太高、惩罚较少甚至没有惩罚,最后协同主体往往会丧失协同积极性。

7.1.1.5 认同度不高

改革开放以后,由于三峡工程、四川人口太多不便管理等因素,重庆相对于东部的沿海城市的发展明显落后,为了继续发挥重庆作为特大经济中心城市的作用,1997年6月,重庆直辖市正式成立,接受中央直管。在此之后,成渝双方的认同感越来越低。两座实力悬殊不大、资源要素相似的城市,在争夺外部资源的时候不可避免要面对来自对方的压力和竞争,很多外部资源或项目在进入西部地区的时候,首先都是在重庆和成都之间选择,两地的竞争也日益白热化,以至于跟风和恶性竞争出现。例如,重庆贯通"渝新欧"后,成都随即提出"成新欧";重庆争取保税区和保税港,成都也跟进争取;成都要建设第四大航空枢纽,重庆也不断规划和扩建航站楼及跑道,诸如此类的竞争在两地的各领域每天都在上演。政府对于资源的竞争关系,导致各产业在商业竞争中就出现对立,以至于成渝两地在经济发展中存在差异。官方对资源的竞争关系到了民间就是对立的矛盾关系,最严重的时候还出现过两地民众的冲突和经济抵制现象。

7.1.2 成渝地区双城经济圈体育产业协同发展面临困境的原因

成都和重庆两座城市在历史上经济文化发展存在较大的差异,由于地理位置和政治经济体制等原因,两地在产业结构、基础设施建设等方面存在较大差异,因此导致成渝地区双城经济圈协同发展的困境,而造成这些困境的原因包括以下几个方面。

7.1.2.1 政策因素

成都和重庆两座城市之间的政策不一致、不协调和管理体制不同,使协同发展更加困难。两地在税收优惠、资金投入、招商引资等方面的政策存在差异，这对成渝地区双城经济圈的协同发展产生了一定的影响。例如经济招商优惠，2018年成都地区在《关于加快总部经济发展做强国家中心城市核心功能支撑若干政策措施的意见》中提出了支持经济发展的"三大奖励七大支持"的政策措施，包括"引进来"奖励、"走出去"、人才建设、融资、中介服务、税收优惠等方面的支持。重庆招商引资政策也就是总部经济税收优惠政策，主要以两种政策为主，一是财政扶持政策，二是核定征收政策。这两种不同的政策，企业都可以申请享受。

7.1.2.2 经济差异

成都和重庆两座城市在财政方面具备较强的实力，经济发展水平不同，产业结构也存在差异，缺乏产业互补度，导致协同发展受阻。对于一些资源相对紧缺的地区来说，协同发展也有一定难度，同时，两地在财政资金分配方面也存在较大的不均衡性。

7.1.2.3 区域界限

成都和重庆作为川渝地区两个主要城市，在经济、社会、科技、文化等方面的发展水平不尽相同，也出现了城市间的"高低差"。两座城市之间存在一定的地域差异，包括自然环境、文化传统、行政管理等方面，使两地的发展存在差异，这对成渝地区双城经济圈的协同发展造成一定的影响，使两地难以实现互补性和协同发展。

7.1.2.4 交通条件

成都和重庆两座城市之间的地理距离较远，存在交通不便和成本较高等问题。同时，受制于山区等困难的地理条件，跨越性交通运输建设成本高昂，难以实现快速交通链接。虽然成都和重庆之间有高速公路和铁路连接，但交通瓶颈、拥堵等问题依然存在，制约了区域经济一体化和协同发展。

7.1.2.5 发展方向

成都和重庆两座城市的发展方向存在差异、城市定位迥异，导致两地在产业结构、技术创新等领域的发展不匹配，无法形成互补性。对比过去两座城市"独自美丽"的发展思路和定位，成都注重文化旅游、大数据、环保等产业，而重庆重视制造业和石化，两者之间的发展战略不同。《成渝地区双城经济圈建设规划纲要》印发后，明确要求成都以建成践行新发展理念的公园城市示范区为统领，厚植高品质宜居优势，构建支撑高质量发展的现代产业体系，提升国家中心城市国际竞争力和区域辐射力，总的来说，即"两中心一城一枢纽"。《成渝地区双城经济圈建设规划纲要》中也明确重庆将打造国家重要先进制造业中心、西部金融中心、西部国际综合交通枢纽和国际门户枢纽作为其发展方向。

7.1.2.6 竞争关系复杂

成都和重庆都是大型城市，其经济实力、产业结构、发展方向、政策措施等方面存在较大的差异，加之两地政治、经济、管理等事务管理分权较大，协调难度大，联动性不足，存在较为复杂的竞争关系。另外，近年来成渝地区周边省份和城市也在加快发展步伐，形成一定的竞争，这使成渝地区双城经济圈的协同发展受到一定的限制。

7.1.2.7 各类体系

成都和重庆在行政管理上有不同的制度和政策，行政管理体系不配套，缺乏有力的协同机制，难以形成良好的合作格局；两地的产业结构相对单一，产业体系不协同，缺乏优势互补和产业链衔接，难以形成具有竞争力的产业体系；成都和重庆在投资建设上分别承担了不同的责任和任务，但部分投资还存在分配不均、重复建设等问题。

此外，在人才方面，尽管成都和重庆两座城市都有较为完善的人才吸引政策和留住政策，但由于成渝地区双城经济圈尚未形成完善的产业链和就业市场，两地对人才的需求和管理存在一定差异，缺乏具有高度重叠性的人才流动机制，导致一些优秀人才流失。在环保管控方面，成都和重庆的环保标准、废气排放等一系列要求不一致，这给企业在两地投资经营带来了诸多不便和负担。这些都是造成成渝地区双城经济圈陷入困境的原因。

7.2 构建成渝地区双城经济圈体育产业协同发展机制的目标

在成渝地区双城经济圈体育产业协同发展的进程中，解决区域横向协同不足、纵向协同不深等问题，必须明确构建成渝地区双城经济圈体育产业协同发展机制的目标，坚持目标导向，优化体育产业结构和空间结构；缩小成渝各地区发展差距、增强地区协同效应；创新发展机制。基于成渝地区双城经济圈体育产业发展落差较大的现状，未来较长一段时期内应将缩小区域内各地区体育产业发展差距，增强地区间协同效应作为主要目标。

7.2.1 优化成渝地区双城经济圈体育产业空间布局

产业空间布局是指在一定的地域范围内对产业空间分布进行合理的规划、协调与组织，包括对产业地域、地理及产业区域集群的部署和规划。体育产业空间布局是对某一区域内体育产业的各细分行业在不同地区、不同地理位置分布的规划，以及各体育行业及其供应链、产业链在不同地理空间上集聚的部署和安排。随着生产结构与消费结构的演变，体育产业在世界经济和社会发展进程中呈迅速崛起之势，其空间布局不仅对成渝地区体育产业的发展产生深刻影响，更对成渝地区双城经济圈的发展具有重要意义。根据各地区的地理位置、资源优势和产业特色建立成渝地区双城经济圈体育产业协同发展机制，可以更好地明确各地区、各部门的定位、功能和分工，形成产业梯度，打破各行政区"各自为政"的壁垒，增强成渝地区双城经济圈的整体空间布局统筹谋划、统一布局意识，加强各地区、各部门之间的联动发展效应，促进成渝地区双城经济圈体育产业的高质量发展。建立成渝地区双城经济圈体育产业协同发展机制，就是依据各地区自身的发展特色和优势，建立统一的协同规划和管理机制，在确保成渝地区双城经济圈各方利益得到平衡和协调的基础上，促进各地区、各产业之间的联动合作，调整优化体育产业布局，以便能够更好地推动成渝地区体育产业协同发展。

建立成渝地区双城经济圈体育产业协同发展机制，意味着需要根据成渝地区双城经济圈不同地区的情况进行量身改造和提升，需要不断采取新的方式、注入新的内容来适应时代的发展变化，同时需要根据新时代下各地区的发展特色进行适当调整，使成渝地区双城经济圈的各主体在保证自身健康发展的情况下达成理念同步，坚持"一盘棋"思维，共同塑造发展愿景，树立一体化发展的协同思想，以平等对话、协商沟通、汇聚共识的方式来解决因跨区域而造成的"信息孤岛"问题，打破各行政主体的不同价值取向和由职责边界导致的行政壁垒障碍，从而增强成渝地区双城经济圈体育产业的统筹规划，优化成渝地区双城经济圈体育产业空间布局。

建立成渝地区双城经济圈体育产业协同发展机制，就是在明确各地区的功能定位和产业分工的基础上，发挥成渝地区双城经济圈中心区域的核心引领作用，带动周边地区的发展，促进成渝地区双城经济圈不同地区间的体育产业资源共享和整合，促使多个地区的体育资源形成合力，优化各地区的资源配置，以实现体育产业的资源利用的最大化，优化成渝地区双城经济圈体育产业的空间布局，真正在空间布局上落实成渝地区双城经济圈体育产业协同发展机制，增强成渝地区双城经济圈各区域体育产业的整体竞争力，从而共同推动成渝地区双城经济圈体育产业协同高质量发展。

7.2.2 增强体育产业协同效应

目前，成渝地区主要在体育政策、体育赛事、体育旅游等方面展开了密切的合作，但成渝地区体育产业协同发展还处于初级阶段，且每个系统的协同发展程度还存在差异。例如，体育旅游协同发展较为稳定，体育赛事和体育政策协同处于起步阶段，体育彩票、体育培训和体育展览等子系统的协同发展刚开始显现。此外，成渝地区双城经济圈城市间体育产业空间关联的紧密程度比较低，等级结构较高，网络稳定性不足，各城市间更密切的体育产业协作尚有非常大的空间。因此，在构建成渝地区双城经济圈体育产业协同发展机制时，应当以增强区域内体育产业协同效应为目标，促进体育产业内部各子系统的协同发展与区域内部各市州之间的协调发展。具体如下。

（1）坚持以增强体育产业协同效应为目标，持续带动区域间协调发展。成渝地区主要的合作集中于重庆和成都两个城市。其他市州间的体育产业合作较少，联动较少，这导致成渝地区体育产业协同效应不强，区域内体育产业发展不均衡。因此，在构建成渝地区双城经济圈体育产业协同发展机制时，要将区域间协调发展作为重点考虑的问题。本研究期望通过构建机制，创新动力保障机制，优化体育市场环境，完善分工协作的体育产业体系，增加区域内各城市合作机会，推动区域内体育产业均衡发展。

（2）坚持以增强体育产业协同效应为目标，深入推进子系统协同发展。成渝地区体育产业各子系统的合作主要表现为体育赛事和体育旅游，在体育用品制造、体育培训及体育展览等方面的合作并不密切。此外，成渝地区体育产业各子系统的合作深度不足，导致大多合作并不能为区域带来协同效应。因此，如何深入推进子系统协同发展也是构建成渝地区双城经济圈体育产业协同发展机制需要解决的问题。本研究期望通过构建体育产业协同发展机制，加强体育培训、体育展览、体育制造业等子系统的合作，深化各子系统的区域协作，不断提高成渝地区体育产业协同深度。特别是期望搭建起协同机制，能更好地利用巴蜀地区丰富的体育资源，开发更多优质体育项目，培育壮大成渝体育旅游精品品牌，深化成渝两地体育旅游交流合作。

（3）构建成渝地区体育产业协同发展机制，必须以增强体育产业协同效应为目标导向，这样才能更好地解决区域内横向合作不足、纵向合作不深等问题，真正实现"1+1>2"的效果，增强成渝地区体育产业协同效应，推动成渝地区体育产业一体化高质量发展。

7.2.3 加强体育产业创新驱动

7.2.3.1 加强体育产业创新驱动的好处

加强成渝地区双城经济圈体育产业的创新驱动有以下好处。

（1）促进经济增长与发展。体育产业是一个快速发展的庞大新兴产业，具有巨大的市场潜力。通过创新驱动，可以吸引大量资金和资源投入，提高体育产业的竞争力和附加值。加强创新驱动能够推动体育产业的快速发展，带动相关产业链的发展，从而促进经济增长。

（2）创造就业机会。体育产业的创新发展会带动相关产业链的发展，创造更多的就业机会，为人们的就业提供更多选择，减少社会的就业压力。同时，体育产业的发展需要大量的专业人才，加强创新驱动能够培养和引进更多的体育产业人才。

（3）提升城市形象与知名度。体育产业具有一定的知名度和影响力，不仅代表着一座城市的体育水平和文化底蕴，还是城市形象的重要组成部分。加强创新驱动，能够提升成渝地区的体育产业水平和吸引力，进一步增强城市的竞争力和形象，吸引更多的游客和投资。

（4）促进城市品牌建设。体育产业是城市品牌建设的一个重要方面，通过创新驱动，可以打造具有特色的体育品牌和项目，提升城市的影响力和竞争力。

（5）提升居民生活质量。体育产业的发展可以提供更多丰富多样的体育活动和娱乐项目，加强创新驱动能够丰富和提高体育产品与服务的质量，满足市民对于体育活动和健康生活的需求，提升市民的生活质量和幸福感。而且，通过丰富多样的体育文化活动和赛事，可以加强体育与文化的融合，提升城市的文化氛围和社会凝聚力。

（6）推动体育事业发展。加强体育产业的创新驱动，可以提升体育事业的发展水平，培养更多优秀的运动员和教练员，提高体育竞技水平。

7.2.3.2 加强体育产业创新驱动的内容

加强成渝地区双城经济圈体育产业的创新驱动主要体现在以下几个方面。

（1）创新模式。建立创新的体育产业发展模式，突破传统的体育产业发展方式，实现体育产业与其他相关产业的协同发展，推动体育产业转型升级。通过加强成渝地区双城经济圈内体育产业的融合，促进不同城市间的资源共享和合作，实现体育产业链条的完整和优化，推动体育产业的创新发展。

（2）技术创新。强化科技创新在体育产业中的应用，推动体育产业科技的研发与发展，培育体育科技企业，提升体育产业的科技含量和竞争力，推动成渝地区体育产业的数字化与智能化发展。

（3）创新产品与服务。加强体育产品的研发和创新，推出具有市场竞争力和特色的体育产品，满足不同消费群体的需求，推动体育产业的品牌化和国际化发展；建立健全体育产业服务体系，提供全方位的体育产业服务，包括运动训练、场馆服务、体育健康咨询等，提高服务的质量与水平，从而提升体育产业的核心竞争力。

（4）人才培养创新。建立完善的人才培养体系，提供良好的人才培养和创新创业环境，注重培养和引进具有创新精神的体育人才，推动成渝地区体育产业的人才交流与合作，加强人才交流和合作，提升人才质量和创新能力。

（5）产业生态创新。建设良好的产业生态环境，提供创新的政策支持和金融服务，吸引更多的投资和创新资源进入成渝地区的体育产业，推动体育产业的创新发展。

（6）品牌建设创新。打造具有国际影响力和竞争力的体育品牌，推动成渝地区体育产业的国际化发展，提高品牌形象和市场认可度。

在未来，成渝地区双城经济圈的体育产业能够充分发挥其创新的引领驱动作用，推动体育产业的快速发展，提升地区经济的竞争力和影响力，实现体育产业与地方经济的良性互动，并且能够不断创新、协同发展，实现资源优势互补，推动经济的快速增长，最终提升地区的整体竞争力和影响力。

7.3 成渝地区双城经济圈体育产业协同发展机制框架模型的提出

根据相关理论，成渝地区双城经济圈体育产业协同发展机制分为动力保障机制、人才流动机制、信息共享机制、组织协调机制4个板块（图7-1）。在区域协同发展过程中，各板块既相互联系又各有侧重。

（1）动力保障机制作为重要引擎为体育产业协同发展提供了强劲的动力，其中各区域追求自身利益产生协同价值的内部驱动力和各区域之间由于文化认同产生的外部驱动力为两大动力来源。

（2）人才流动机制的主要功能是促进区域内体育人才合理、有序流动，为区域体育产业协同发展提供支撑。

（3）信息共享机制起到信息获取、信息整合和信息反馈的作用，协同的子系统、协同发展的区域主体、动力的激发都需要通过信息传导共享机制来进行信息的互换交流与传播。

（4）组织协调机制则是在市场的自我调节情况下，通过政府的宏观调控来实现各区域协同。

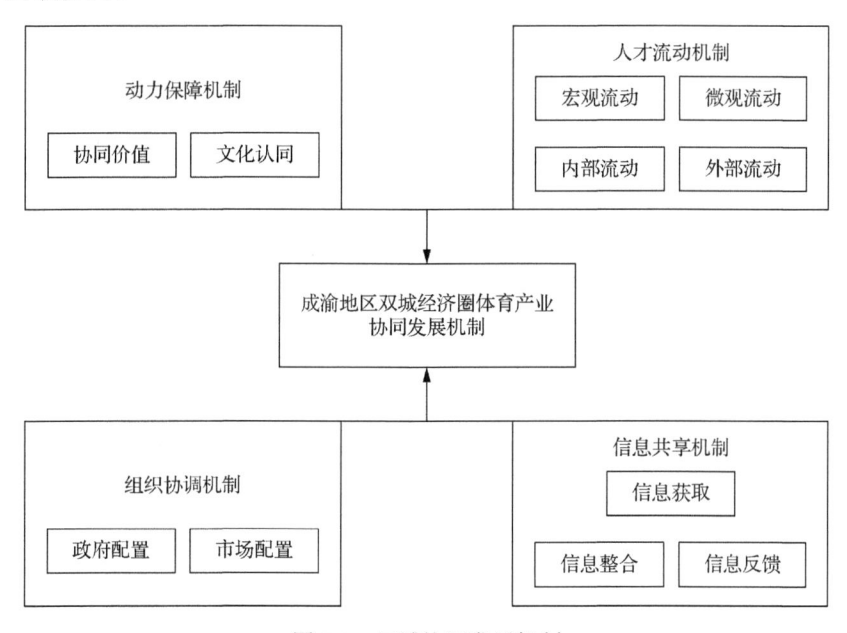

图 7-1　区域协同发展机制

7.4　成渝地区双城经济圈体育产业协同发展机制的阐释

7.4.1　区域体育产业协同发展的动力机制

成渝地区双城经济圈体育产业协同发展的动力可分为内部动力和外部动力。内部动力以成渝地区双城经济圈内各独立行政区域追求自身利益最大化即协同价值为来源，是成渝地区双城经济圈体育产业协同发展的原动力，而外部动力则来源于各区域之间的文化认同，它能加速或延缓成渝地区双城经济圈体育产业协同发展的进程。

7.4.1.1 协同价值是根本原动力

就产业协同发展而言，产业发展的各组成部分之间的协调程度与各部分之间的目标息息相关，产业发展的各部分对自身利益的追求就是整个产业持续发展的不竭动力之源，对产业的协同发展起到了重要作用。成渝地区双城经济圈体育产业协同发展根本上来说依靠的是经济圈内各区域的协同价值。成渝地区双城经济圈内各独立的行政区域相对于整个经济圈来说都是独立的子系统。就宏观而言，整个社会系统中包含教育子系统、医疗子系统及体育子系统等，以上子系统发展水平的提升促进了人们的健康知识、意识及水平的提升，推动了体育科研工作进步，从而促进了体育科学技术的进步，使人们的体育科学素养得到了提高，从而更愿意进行体育消费；另外，需求的满足给人们带来了满足感，使人们的生活更充实、有意义，提高体育素养的同时也降低了社会暴力的发生概率，进而促进了社会的全面进步。成渝地区双城经济圈内各行政区域体育产业的发展也是"你中有我、我中有你"，各区域体育产业的发展互相渗透、互为依托，一方面，各区域自身体育产业发展水平的提高，不仅会提高区域内体育生产力的转化效率，使区域内经济增长，还会促进整个经济圈体育产业的发展；另一方面，经济圈内体育产业整体发展水平的提高，也会给各区域的发展带来机会。人们感受到协同发展所带来的益处，协同发展度则会更高。

7.4.1.2 文化认同是重要推动力

这里的文化指的并不是传统文化，而是成渝地区双城经济圈各成员区域共同认可的协同文化。在川渝地区长期的历史发展过程中，成渝地区双城经济圈内各地区间经过不断交流、融合形成共同的价值标准和行为准则，即经济圈内的文化认同。协同文化一经形成便具有一定的稳定性，但这种协同文化并不是一成不变的，需要各主管部门进行积极、正确的宣传和引导。共同认同的文化在经济圈内作为一种积极的意识形态，在体育产业协同发展的过程中具有积极的指导作用，对公民个人、体育企业乃至经济圈内整个体育产业的协同发展的进程都会产生深远的影响，并且提供了长期而深远的推动力。在区域协同发展的初级阶段，需要借助政府部门的力量促使协同发展文化形成，政府在成渝地区双城经济圈体育产业协同发展的过程中有举足轻重的作用，政府部门的引导作用能有效降低区域化壁垒所造成的产业融合困难，主要包括强化协同发展意识和展示协同发展成果等方式。成渝地区双城经济圈内各级政府可以借助多种方式，加强政府间的合作与交流，共同宣传区域体育产业一体化发展的协同理念，弘扬区域体育产业一体化发展的协同文化，展示区域体育产业一体化发展的协同成果，提高各成员单位的协同意识，形成良好的文化氛围。在区域协同发展的高级阶段，在协同文化的作用下，协同发展会成为成渝地区双城经济圈各区域主体的自觉行为。

7.4.2 区域体育产业协同发展的保障机制

7.4.2.1 人才流动机制

人才流动机制是指一定区域内限制或促进人才流动的各种行为规范，包括宏观层面的人才流动机制与微观层面的人才流动机制，二者互相渗透、互为依托。成渝地区双城经济圈体育产业宏观层面的人才流动机制包括国家政策所规定的基本人才流动制度和区域内各级政府为体育产业的发展所制定的限制或促进人才流动的制度，如体育行业的准入制度、用工制度、社会保障制度等内容。微观层面的人才流动机制包括各体育事业与企业单位所采用的人才聘用与管理、人才薪酬与激励、人才的保障与淘汰等规定。除此之外，成渝地区双城经济圈体育产业协同发展的人才流动机制还包括内部流动机制与外部流动机制。内部流动机制是指成渝地区双城经济圈内各行政区域之间的人才流动机制，外部流动机制是指成渝地区双城经济圈内的体育人才与外界进行交换所形成的机制。区域体育产业协同发展不仅要统筹宏观与微观人才流动机制，还要平衡体育人才的内部流动与外部流动。成渝地区双城经济圈各级政府及体育产业协同发展主管单位要在制定符合体育产业协同发展规律的宏观人才流动政策的同时，也要对各体育企业的人才流动行为进行评定、监管与指导，促进区域内体育人才的流动和外界体育人才的引进，不断完善人才评价流程和人才流动机制，促进区域体育产业协同发展人才有序、合理流动。

7.4.2.2 信息共享机制

信息共享机制是将信息有效、高效率地进行交换与共享的框架和制度安排。

它可以更有效、准确、安全地共享和传递信息,更好地满足各成员对信息的需求。开放共享公共信息资源是顺应时代与潮流的发展,公共信息资源开放共享作为实现信息资源价值最大化的有效手段,不但能够解决政府和社会公众跨时空、跨层级、跨行业的信息共享与业务协同问题,有助于推动区域体育产业协同发展理念的更新,支撑区域体育产业协同发展的实践,而且有助于进一步提高公共信息资源社会化开发利用水平,带动经济圈内体育产业各生产要素集约化利用,转变区域体育产业协同发展方式。

信息共享机制的建立需要着重注意以下3个方面:首先,在成渝地区双城经济圈体育产业协同发展过程中需要加强各类信息获取的能力,包括体育市场反馈的信息、政府及各类体育行政管理部门的信息及体育资源配置的信息等;其次,要加强成渝地区双城经济圈体育产业协同发展,必须加强区域内各类信息的交互与交换,成渝地区各城市之间形成一个整体,若是各部门之间的信息交换不顺畅,则会直接影响经济圈体育产业协同发展的进程,因此要加强区域内各部门之间信息的交流与整合;最后,要加强各类体育产业相关信息的数据处理与分析能力,加强获取信息的能力为信息共享机制的建立提供数据源,而提高对已获取信息的处理与分析能力,能让信息共享机制的建立落到实处。

因此,应当不断提高对已获取信息的处理与整合能力,通过共同建立的信息处理机构对反馈的信息进行调查、跟踪与回访,为体育产业协调发展过程中的企业与投资者提供参考,为政府及体育相关行政管理部门的决策提供依据,为双城经济圈体育产业协调发展提供支撑。成渝地区双城经济圈体育产业协同发展应构建涵盖经济、社会、技术和需求全方位,包含区域整体、省市级、区县级的多层次的信息共享平台。建立成渝体育产业一体化信息平台,可以打破因区域限制、系统不一、部门沟通不畅所造成的壁垒。进一步完善成渝两地体育产业一体化服务流程,实现政府、体育企业、社会体育组织、体育市场、人才资源等相关环节,及时有效地沟通、对接。提升成渝地区体育产业核心竞争力。体育不仅具有其本体功能,能提升人的身体素质,丰富人的科学知识等社会功能,还具有促进经济发展等多重功能。因此,应在促进区域体育产业协同发展的各方面建立资源、信息共享平台,此外,在需求方面应涵盖各年龄各人群,如适合老年人的简单体育活动、适合青少年的运动技能体育活动等。

7.4.2.3 组织协调机制

组织协调机制是指为确保组织内各成员在共同目标的引领下，相互配合、相互合作，协调组织内各成员相互关系及组织与组织之间关系的框架和制度安排。组织协调机制的核心就在于通过一系列协调组织内各成员相互关系及组织与组织之间关系的框架和制度安排来实现区域内各项资源的合理配置，从而推进经济圈内体育产业协调发展。组织协调机制不仅仅是政府的统一宏观调控，还应当包括市场的主导调节，在市场和政府两个方面的共同作用下，实现经济圈内整体各项资源的合理统筹，其中包括人力资源、物力资源、财力资源和公共服务资源等各类资源。此外，在经济圈内建立统一化的大市场，统一区域体育产业协调发展各项行业、技术标准等，对完善区域体育产业协调发展组织协调机制，实现各类体育资源合理配置起到重要作用。成渝地区双城经济圈体育产业协同发展组织协调机制的建立应当遵循市场主导、政府调控二者相结合的原则与方式。首先，从组织协调机制的基本组织框架来看，应当建立多层次与扁平化相结合的组织框架，经济圈内各地区间的横向沟通通道应保持顺畅，各地区的各组织之间的沟通渠道应实现快速、便捷和高效的目标。其次，从纵向的协调机制来看，应当搭建严密、有力的组织领导体系，双城经济圈内两大核心城市应当共同组建最高的决策机关和协调机关，作为轮值常设机关。此外，还应当建立完备的咨询、协调、仲裁等各类部门来完善双城经济圈组织协调机制，保障区域体育产业快速、稳步、协调发展。已经成立并运行的成渝地区体育产业联盟在成渝地区双城经济圈体育产业组织协调机制中起到主要作用，并且具备体育产业协调组织的基本框架。重庆体育局、四川体育局、成都体育局在框架内定期召开成渝体育产业联盟协调会，为成渝地区双城经济圈体育产业协同发展保驾护航。

8 成渝地区双城经济圈体育产业协调发展对策

结合成渝地区双城经济圈体育产业协调发展机制，本部分从动力保障对策、人才流动对策、信息共享对策、组织协调对策4个维度提出成渝地区双城经济圈体育产业协调发展对策。这为推动成渝地区体育产业协调发展、优化成渝地区体育产业空间布局提供了可行性建议。

8.1 成渝地区双城经济圈体育产业协调发展动力保障对策

区域协调发展是实现全国经济社会协调发展的重要举措，而动力保障对策则是区域协调发展的重要保障。动力保障对策是指通过政策、技术等手段为某一特定领域的发展提供基础设施、资金、人才等支持，进而推动产业的快速发展，是为了保障能源供应方面的稳定性而采取的一系列措施和制度，包括能源生产、石化行业、能源运输、电力系统等方面的政策措施。区域协调发展中的动力保障对策包括政策引导、科技创新、产业引领、资源整合。政府在实施区域协调发展时，应充分运用这些措施，提高区域经济发展的综合素质，促进区域协调发展。成渝地区双城经济圈体育产业协调发展动力保障对策包括以下4点。

8.1.1 实施政策引导机制

政府作为主导机构，应制定相关的政策，鼓励和引导体育产业的发展，为体育产业的发展提供政策支持和政策优惠。政府要依靠政策合力，充分发挥国家优惠政策的鼓励和带动功能，积极引导和鼓励地域内若干优势或特点的体育产业集群计算机化，以增进相互之间的协作、配合、互动和交融，进而增强地方优势产业发展或生态宜居的综合实力。另外，地方政府部门和社会融资组织也应当提供必要的融资保障，积极引导社会企业和投资者投资发展体育产业，以支持地方体育事业建设。各地应加强企业合作，推动资源互补和产业联动，形成合力，促进成渝地区体育产业发展；各地应建设成渝地区体育产业支撑服务平台，提供专业的产业服务和技术支持，为企业提供便利和帮助；各地也应根据自身资源禀赋和行业特点，合理规划产业布局，避免重复建设和资源浪费，形成良好的产业格局。

8.1.2 促进科技创新机制

加强科技创新和应用，推动科技与体育产业深度融合，提升体育产业的科技含量和创新能力。产业发展是与时俱进的，创新是产业发展的第一动力。在当前国内大力倡导创新驱动战略的引导下，成渝地区推进体育产业协同发展，注重内核动能创新、创新表现形式，增强产业发展驱动力。科技助力体育产业变革发展，采用互联网、大数据、云计算等信息化技术，实现体育产业的数字化转型和智能化升级，提高体育产业的管理效率和运营效率。要加快高新技术在体育产业领域的应用与融合，在体育赛事筹办、体育产品制造、全民休闲建设等方面提供科技力量，进一步推动传统体育产业提档升级，将高新科技赋予传统产业，激发体育产业新的发展动能。各地应加大科技投入，推动科技成果转化，提高企业技术水平，提升成渝地区体育产业的创新能力。

8.1.3 推动产业引领机制

成渝地区体育产业区域协调发展需要依靠产业引领，而这就要求各地加强协作，形成协同效应，实现资源共享和优化配置。以下是对动力保障对策产业引领方面的几点建议。

8.1.3.1 发挥各地优势

成渝两地各自有不同的文化和资源优势。成都的优势在于拥有较为完善的城市基础设施和公共服务体系、具有较强的产业基础和人才优势，可以通过进一步加强高新技术产业和现代服务业的发展，推动科技创新和人才培养，提升成都在区域内的引领作用。重庆的优势在于它是我国内陆最大的直辖市、拥有独特的地理位置和较为完善的交通网络,是连接西南地区和长江经济带的重要节点。可以通过进一步加强重庆的物流和交通运输基础设施建设,发展现代物流和电子商务,提升重庆在区域内的物流和贸易中心地位。因此,成渝两地应该充分发挥各自的优势,形成协作合力,共同推进成渝地区体育产业的发展。

8.1.3.2 推动体育赛事

体育赛事是推动体育产业发展的一项重要手段,成渝各地应该加强合作与协调,共同打造体育赛事品牌、推动成渝地区体育赛事的举办,提高赛事质量和影响力。具体如下。

(1)成立跨省合作机构,加强跨省合作,制定合作规划,统筹赛事资源,共同促进体育赛事的发展。

(2)投资兴建符合国际标准和需求的体育场馆设施,包括足球场、篮球场、羽毛球馆等。同时,合理规划场馆的使用时间和场地租借政策,为各类体育赛事提供良好的场地条件。

(3)与国内外专业赛事组织机构合作,引入高水平的体育赛事。通过与国际大赛进行合作,吸引国内外优秀运动员和团队来成渝地区参赛,提高赛事的知名度和影响力。

(4)除了传统的足球、篮球等大众体育赛事,还要推动发展一些特色的赛事,例如,成渝地区传统体育项目,如川剧打击比赛、重庆棋类锦标赛等赛事,这样可以吸引更多观众和体育爱好者的参与。

(5)通过广告、宣传片、社交媒体等渠道宣传体育赛事的时间、地点、参赛队伍等信息,吸引观众前来观赛。同时,可以与当地旅游局、酒店、餐饮等产业进行合作,推出观赛套餐和旅游线路,提高体育赛事的吸引力。

(6)在学校和社区推动青少年体育赛事,加强青少年体育人才的培养。组织各类学校间的体育比赛和青少年体育俱乐部活动,为培养未来的体育健将打下基础。

推动成渝地区的体育赛事需要政府、体育组织、赞助商、媒体等各方的合作与支持。通过以上举措,不断提升成渝地区的体育赛事水平和影响力,推动两省市体育赛事的发展。

8.1.3.3 重点发展产业链

成渝地区体育产业链条相对完整，各地应该聚焦重点领域，加快产业链的发展和完善，形成产业协同效应，提高产业附加值和市场竞争力。

（1）成渝地区可以通过进一步挖掘和发展各自优势产业，实现产业间的互补。通过互补发展，可以形成完整的产业链。

（2）优化交通网络：成渝地区可以加强交通基础设施建设，提升交通网络的连通性和效率。例如，加快铁路、高速公路、机场等交通设施的建设，构建成渝快速通道；加强港口建设，提升水陆联运。这样可以促进两省市之间的物流和人流的便捷流动，有利于体育产业链的延伸和协同发展。

（3）成渝地区可以加强科技创新合作，共同推动体育产业链的高端化和智能化。通过科技创新的合作，可以提升体育产业链中的技术含量和附加值，推动两省市的体育经济发展。

（4）成渝地区可以建立体育产业协作机制，促进体育产业链的合作和共享。例如，可以建立跨省市的体育产业联盟，推动体育企业间的合作和资源共享；建立体育产业技术服务机构，为体育企业提供专业的技术支持和培训等服务。通过产业协作，可以促进两省市之间的体育产业链的高效对接和协同发展。

成渝地区可以通过强化产业互补、优化交通网络、加强科技创新合作和建立产业协作机制等方式，重点发展两省市的体育产业链，实现体育经济的协同发展和互利共赢。

8.1.3.4 培育领军企业

各地应该培育和引进一批有实力、有影响力的体育领域的领军企业，引领和带动整个产业的发展，提升成渝地区体育产业的整体能力和竞争力。

成渝地区可以通过以下几个方面来培养体育领军企业。

（1）成渝地区的政府可以制定和实施有利于体育企业发展的政策和措施，包括提供资金支持、减税优惠等，还可以建立创新创业基地和孵化器，提供场地和配套服务，帮助体育企业孵化、成长和创新。

（2）成渝地区可以积极引进优秀的体育人才，吸引他们在当地创业或就业，并提供相应的培训和支持。同时，成渝地区可以加大高等教育资源的投入，培养更多的体育专业人才，满足体育企业发展的需求。

（3）成渝地区可以加强创新创业文化的建设，培养良好的创业氛围，鼓励和支持体育企业进行技术创新和商业模式创新。可以组织创业大赛、创业讲座、创业洽谈会等活动，搭建体育企业与投资者、专家学者的交流平台，促进体育创新创业的合作与交流。

（4）成渝地区可以积极推动不同体育企业之间的合作与协同发展，鼓励体育企业间的技术研发、市场拓展、资源共享等合作模式。可以建立体育企业联盟、研究院所、科技园区等平台，为体育企业提供合作机会和支持。

（5）成渝地区可以加大金融支持力度，鼓励银行和其他金融机构提供贷款等服务，帮助体育企业解决资金瓶颈问题。各地可以设立风险投资基金，为有潜力的体育企业提供投资支持。

通过以上措施，成渝地区可以培养和发展更多的体育领军企业，推动地方体育经济的转型升级和可持续发展。

8.1.3.5 加强国际合作

成渝地区体育产业也应积极融入国际市场，与国际先进水平接轨，加强国际合作和交流，促进产业技术创新和人才引进。

（1）成渝地区可以通过举办国际会议、展览和论坛等活动，建立国际交流平台，吸引国际合作伙伴参与，促进对话和交流。

（2）成渝地区可以积极参与国际间的地方政府交流活动，加强外交与对外交流，与外国机构建立联系，在多个领域开展合作，促进互利共赢。

（3）成渝地区可以积极吸引国际投资和技术引进，推动国际合作项目的落地，助力本地体育经济的发展。

（4）成渝地区可以继续打造和优化国际化的营商环境，简化外商投资审批流程，提供更加便利和友好的投资条件，吸引更多国际体育企业在成渝地区设立分支机构。

（5）成渝地区需要继续加强与国外体育高校的合作，建立国际教育交流平台，推动学生和教师的交流与互访，培养国际化体育人才。

（6）成渝地区可以通过文化艺术、体育、旅游等方式，加强与世界各地的人文交流，增进彼此的了解与友谊。

综上所述，成渝地区可以不断拓展与国外的合作领域，促进经济、文化、科技等各方面的发展，实现共同繁荣。

8.1.3.6 整合资源优势

成渝地区拥有丰富的资源优势，各地应该整合资源，形成合力，共同推动体育产业的发展，实现成渝地区体育产业协调发展的目标。

成渝地区可以通过以下几个方面来整合资源优势。

（1）地理优势整合：成渝地区位于中国西南地区，具有独特的地理位置优势。可以利用成渝地区交通便利的特点，将其打造为国内外的体育物流中心和交通枢纽，以提供便捷的物流和运输服务。

（2）产业链优势整合：成渝地区拥有丰富的资源和多元化的产业结构，可以通过整合产业链条，促进不同行业之间的协同发展。可以将其打造为具有竞争力的体育产业集群，提供完整的体育产业链服务。

（3）人才优势整合：成渝地区拥有一流的高等教育资源和科研机构，可以通过整合体育人才优势，吸引和培养高层次的体育人才。可以建立体育人才培养基地和创新创业中心，提供专业的培训和创业支持，增强地区的创新能力和竞争力。

（4）政府资源整合：成渝地区的政府可以起到整合资源的重要作用。可以建立政府推动的体育产业发展基金，整合财政、土地、金融等资源，为体育企业提供资金支持和政策保障。可以建立政府和体育企业之间的合作机制，共同推动区域发展。

（5）文化资源整合：成渝地区拥有独特的历史文化和旅游资源，可以通过整合文化资源，打造成为旅游、文化创意产业的中心。可以建设文化创意园区和博览中心，推动文化创意产业的发展，提升地区的文化软实力。

通过以上整合资源优势的措施，成渝地区可以实现体育资源的优化配置和协同发展，发挥地区的综合优势，推动体育经济的高质量发展。

8.1.4 优化资源整合机制

在成渝地区体育产业区域协调发展中，动力保障机制的资源整合可以从以下几个方面进行。

8.1.4.1　政策资源整合

政府部门应根据成渝地区体育产业的发展需求，统筹协调各级政策，形成协同效应，优化政策营商环境，为区域体育产业的健康发展提供政策支持。

成渝地区可以建立统一的政策和规划体系，通过政策协调和合作，实现资源优势的最大化。例如，可以制定一揽子的优惠政策，吸引各类体育企业和体育人才到成渝地区发展。

8.1.4.2　资金资源整合

成渝地区应建立创新性、多元化的资金支持机制，吸引社会资本和投资，形成产业链闭环，更好地支持地方体育产业发展。

成渝地区可以建立资金整合机制，整合各级政府的财政资源，设立专项体育基金，用于支持跨地区合作项目和重点产业的发展。同时，可以吸引社会资本进入成渝地区，推动资本流动和资源整合。

8.1.4.3　人才资源整合

成渝地区应加强各级教育机构与企业学院的合作，打造一批具有一流水平的专业人士，探索体育人才培养机制，提升成渝地区体育产业整体素质。

成渝地区可以建立体育人才共享机制，推动高校和科研机构合作，建立体育人才交流平台，促进体育人才流动和合作。可以通过设立体育人才引进政策、提供优厚待遇等措施，吸引高端体育人才到成渝地区发展。

8.1.4.4　技术资源整合

成渝地区应加强与国内外知名学府、科研院所、高新技术企业的合作，共同研发创新体育科技，促进应用技术与产业深度融合，提升成渝地区体育产业发展水平。

成渝地区可以建立技术创新平台，促进技术共享和合作。可以通过组织技术交流会议、举办技术创新竞赛等活动，推动技术创新和合作，提高技术水平。

8.1.4.5 文化资源整合

成渝地区应加强体育文化的传承与创新,发挥体育的文化价值,促进文化与体育的融合发展,形成具有地方特色的体育文化品牌。

成渝地区可以加强文化交流和合作,促进文化产业的发展。可以组织丰富多彩的文化活动,推动成渝地区文化的互动和交流。同时,可以制定扶持政策,支持文化产业的发展,提高成渝地区文化创意产业的竞争力。

综上所述,成渝地区应该加强体育资源整合,形成协作机制,建立公共体育资源共享平台,加强信息共享,促进成渝地区体育产业的发展。

8.2 成渝地区双城经济圈体育产业协调发展人才流动对策

人才数量的多少、质量的高低是衡量一个地区综合实力的重要标准,更是一项产业发展的重要基石与动力。人才具有创造价值、创新产业发展方式等多重作用。成渝地区双城经济圈体育产业的协同发展,离不开相关专业人才,加快成渝地区双城经济圈体育产业人才流动对策的建立,能有效促进经济圈内相关专业人才的合理、有序流动,加大经济圈外高层次专业人才引进力度,更好地防止经济圈内专业人才流失,这有利于推动成渝地区双城经济圈体育产业协同发展。

8.2.1 完善区域内人才流动机制

建立健全成渝地区双城经济圈体育产业协同发展人才流动对策,首先要完善区域内人才流动机制,促进区域内体育人才合理、有序流动。当前区域体育产业发展普遍存在职业资格认定不严格、各地区间认定不互通和不互联等阻碍人才正常流动的问题,因此,首先,加强区域体育行业职业技能资格认定标准制定与各地区互通互认,扫清区域内人才流动的障碍。其次,优化区域内体育类与相关专业高校毕业生报道流程,简化人才培养与人才进入市场流动的流程,做好人才培养与人才市场流动的衔接工作。再次,建立并完善体育产业相关专业人才的人事档案管理制度，便于产业发展人事制度化、规范化和网格化的实施，增强人事档案管理的真实性和安全性，提高产业人才人事管理效率与效益。最后，政府及相关主管部门制定符合区域内体育产业协同发展人才流动一体化要求的相关政策，促进区域内各地区间相关专业人才的良性流动。

8.2.2 建立人才引进机制

对于成渝地区双城经济圈外体育产业人才的引进，首先，拓宽、丰富各种体育人才引进渠道，改变仅仅依靠考试等方式引进人才的单一方式，促进人才引进方式的多样化与引进机制的完善。其次，政府与体育产业相关主管部门应当建立专项资金用于区域体育产业协同发展人才引进，加大对高层次体育产业人才引进的资金扶持力度，为区域人才引进注入活力。再次，各体育单项协会与各体育产业行业协会应严格完善从业人员与人才考核评价标准与准入机制，为区域体育人才引进做好把关工作，为人才引进机制完善好框架内容。最后，为了完善区域体育产业协同发展人才引进机制，要丰富引进的人才类型，对有利于区域体育产业发展的学历型、创新型、技能型等各类型的人才要兼收并蓄，以便更好地适应体育产业的全面发展。

8.2.3 建立人才流失预防机制

在加强成渝地区双城经济圈体育产业协同发展人才流动与人才引进的同时，还要做好防止区域内人才流失工作。新时代，人才作为引领发展的重要环节，如何在区域内留住人才，管理好人才，成为推动成渝地区双城经济圈体育产业协同发展的关键问题。成渝地区双城经济圈应当加大力度建立健全体育人才流失预防机制，以推动成渝地区双城经济圈体育产业的高质量发展。具体如下：

（1）建立科学合理的综合奖励机制，制定适应行业特征的绩效分配制度，从物质上解决体育产业专业人才流失问题。同时，还应当坚持精神奖励与物质奖励相结合，发挥社会荣誉的激励作用。

（2）加强成渝地区体育产业文化建设，使人才能够确立共同价值观和行为准则。还应当从推动成渝地区体育产业发展着手，努力打造体育产业品牌，增强成渝地区体育产业实力，可以培养区域内人才的自豪感、荣誉感，以及为成渝地区体育产业工作的热情。

（3）打通体育人才晋升与发展通道，建立合理的晋升制度，避免晋升不透明等现象的发生，从实际上为产业发展所需人才的职业生涯提供保障。此外，还应当健全人才发展机制，定期举行体育人才专项培训，委派相关专业人才前往外地学习交流等，为区域内体育人才提供更多发展途径，拓宽发展思路。

（4）建立科学合理的人才评价机制。目前，人才评价唯论文、唯职称、唯学历、唯奖项"四唯"问题是长期存在的难点，需要继续大力解决。对此，成渝地区双城经济圈应当创新人才评价机制，发挥人才评价的积极作用，分类健全人才评价标准，设置科学合理的评价制度，创新和改进人才评价方式。

8.2.4 创新人才培育机制

体育产业作为新兴产业，存在人才培养与行业需求脱节的问题。因此，体育产业的人才培养机制需要不断完善和创新。后疫情时代，社会公众更加关注身体健康，对体育的需求也随之增长，但体育产业方向专业人才培养的整体准确性和水平质量还有所欠缺，不能满足社会需求。虽然体育产业人才培养的数量不断增加，类别不断完善，但体育产业人才培养与实际工作脱节的问题仍然存在，这将进一步影响经济圈内体育产业的发展。因此，成渝地区双城经济圈体育产业人才培养需要依据成渝地区环境特征，遵循和把握体育市场的供需规律，坚持以成渝地区双城经济圈体育产业发展需要和社会体育服务需求为导向，提高人才培养的质量和准确性。首先，坚持以成渝地区实际情况为导向，加强成渝地区高校联动，成立川渝地区高校体育产业联盟，加强成渝地区体育产业人才需求的监测，通过数据分析，适当调整培养方案，以期培养出与社会需求契合的体育产业人才。其次，加大力度培养综合能力强的复合型人才。体育产业既涉及体育专业，又涉及经济专业，其本身就是融合性学科，其所需人才也应当具备强大的综合能力。在体育人才市场中，一边是体育产业"用人荒"，另一边却是体育人才供给市场出现"供大于求"。这很大程度上是由体育产业自身所有的融合性和综合性决定的，相关专业毕业生不能满足体育产业需求，很多企业宁愿"荒"也不愿"将就"。因此，学校在培育学生时，应注重培养学生成为"一专多能"的复合型人才，使学生能够满足企业需求，经得起市场检验。最后，加强实践能力培育，开展成渝地区校企合作，共建成渝地区体育产业实习基地，从根本上提升成渝地区体育产业人才的实践能力和专业水平。

8.3 成渝地区双城经济圈体育产业协调发展信息共享对策

8.3.1 构建多层次、多渠道的信息共享平台

信息不对称是造成成渝地区双城经济圈体育产业发展不平衡的主要原因之一。在信息时代，信息共享对策的建立尤为重要，特别是在区域产业协调发展领域中，信息的缺失与延误可能会给相关联的各地区的产业带来重大的损失。成渝地区双城经济圈的各地区之所以难以形成稳定、持续的合作网络，是因为行政区划的界限阻碍了各地区间相互的内在联系，导致各种资源和要素信息在区域之间难以自由、高效地流通，这直接导致了成渝地区双城经济圈发展的不平衡性。信息的通畅是促进成渝地区双城经济圈的体育产业协同发展的重要保障，成渝地区双城经济圈体育产业协同发展需要多个省市、区域的紧密联系，要由各地政府和企业一同参与和努力。因此，要打破信息不对称的现状，促进各地方政府和企业间的了解，建立信息共享对策是非常必要的。完善的信息共享对策是成渝地区双城经济圈体育产业协同发展的基础保障之一。成渝地区双城经济圈体育产业协同发展的重点是脱离"信息孤岛"的困境，打破行政区划的界限，使各地的信息资源能够通过共享平台快速传递，促进各地信息资源的流通，实现成渝地区双城经济圈各地区的信息资源共享。各地区政府应全面掌握当地各项资源信息及发展现状信息等，建立信息共享平台，在此平台上，公布所掌握的人力资源、物力资源、环境资源等信息，共享当地体育产业发展现状，包括能为其他地区提供助益的优势产业和亟待解决的问题等；而其他地区的政府可以从中获取信息，了解成渝地区双城经济圈其他地区的资源信息和体育产业发展现状；同时，各地政府和公众可以对信息共享平台上的信息进行监督和反馈，在认证信息的准确性和可靠性的同时，也可以对已发布的信息进行补充，真正做到信息的对称和及时，实现信息

的透明化，实现各地区政府、部门、企业、公众间信息的充分共享。

构建信息共享平台，应以各地区、各产业的信息需求为导向，在及时满足各方信息需求，充分实现政府、企业等各类信息资源流通的同时，也要保障所提供信息的质量与水平，从而形成更大范围、更高层次、更多内容的信息共享渠道，实现成熟的、统一的信息共享平台，以促进信息共享资源的及时性、多样性、准确性和全面性。为了促进成渝地区双城经济圈体育产业的协同发展，不仅需要政府各部门之间实现信息互通，更需要政府和企业之间建立高效、透明的信息共享平台。首先，政府和政府、政府和企业之间要建立统一的信息数据公开平台，建设面向大众的政府信息、企业信息数据共享机房，建立地理、人口、经济、政策等基础统计数据的信息目录和信息共享体系，确保每个数据信息的准确性、透明性和可获得性，实现不同业务部门、不同企业间的跨地域协调合作；其次，要加快各地区政府和企业部门共享数据库等相关共享设施和平台的建设，通过与其他政府部门和关联企业的信息数据进行高效联通，实现数据共享跨部门、跨地区的全覆盖；最后，要不断强化政府和企业信息共享平台的管理机制的建立，丰富共享信息种类，提升信息共享的速率，确保共享信息的质量，在收集信息数据、公开信息数据、获得信息数据的过程中，统一技术规范，完善共享渠道，打破数据壁垒，脱离"信息孤岛"的困境，突破行政区划的界限，让成渝地区双城经济圈各地区各产业的数据发挥应有的效用。

8.3.2 建立科学化、系统化的信息管理制度

建立高效、透明的成渝地区双城经济圈体育产业信息共享平台有利于提高政府和企业各部门的工作效率，促进政府部门进行科学管理，明确企业部门的发展方向，加强政府、部门及企业之间的联系，从而促进成渝地区双城经济圈体育产业的协调发展，有利于推动实现我国体育强国的建设目标。建立高效运行的信息共享平台，其信息资源的共享应坚持政府主导原则，政府机构起主导作用，各产业部门加以协作，推动形成科学、合理的共享准则，以保证信息共享的健康、持续发展。同时，信息共享平台的管理部门应保证共享信息的真实性、全面性、准确性和透明性。在进行信息数据共享的时候，要始终把信息资源的收集作为重点

的工作内容，在信息共享的过程中要强化相应的监督工作，确保信息的准确性，建立高效、安全的信息共享平台。成渝地区双城经济圈体育产业协同发展涉及的主体较多，应该充分发挥政府机构的引领作用，带动相关企业形成合理、系统的信息共享管理制度，在充分考虑地方实际、体育产业发展规划等的基础上制定管理准则。各地方政府应为信息资源提供良好的共享环境，建立良好的激励和约束机制。相关政府可以在联系各企业意愿的情况下建立一套完善的共享管理评估机制，对各地区的共建共享行为进行评估，积极引导各参与主体进行共享，避免恶性竞争和信息资源垄断。政府相关部门、企业监督部门及各社会部门等都可以作为监管部门开展必要的监管工作，确保信息资源共享的公益性。此类部门必须充分落实相关的管理制度内容，全程严格监管企业具体实施情况，及时发现所出现的问题，并予以解决，确保企业各方面都能够在信息共享上予以必要的帮助。

除此之外，在建立成渝地区双城经济圈体育产业信息共享平台的过程中，政府部门必须发挥其主导职能，提高政府和企业的信息资源保护意识与共享意识。政府要充分发挥带头作用，积极宣传信息资源共享的科学理念，让各企业部门形成正确的认识，调动整个成渝地区双城经济圈相关企业的积极性，自觉搭建和维护信息共享平台，从而避免在信息共享过程中产生主观性的阻碍。同时，相关部门要加强与政府和企业司法部门的沟通合作，不断完善与信息共享相关的法律法规内容，保证信息共享平台建立的合法性和规范性，确保信息共享过程的安全性。在制定信息共享相关法律法规时，各部门要保证共享信息收集渠道的规范性，尊重各类信息数据的独立性。同时，在制定信息共享管理对策的过程中，政府应该和各企业部门就信息资源的共享达成统一的协议，明确要求各政府和企业部门提供共享信息的义务，明确各自享受信息资源共享的权利，打破信息资源的壁垒，确保信息资源共享的公益性。信息共享监管部门应严格履行监督职责，在进行信息资源交换的时候严厉禁止非法行为，避免企业间的恶性竞争和信息资源垄断，从而保证统计数据共享活动顺利地开展。同时，各企业部门要充分履行自身职责，自觉发挥监督作用，互相督促以推动落实信息共享管理制度，进一步规范成渝地区双城经济圈体育产业的信息共享秩序，形成积极、高效的信息共享对策，营造健康的信息共享环境。

8.4 成渝地区双城经济圈体育产业协调发展组织协调对策

8.4.1 加强组织协调工作

完善成渝地区双城经济圈体育产业协调发展的组织协调机构。区域间体育产业的协调发展需要各组织机构之间建立起良好的组织协调对策，以期形成稳定的组织机构。在成渝地区双城经济圈体育产业协调发展中涉及的机构主要有行政机构、社会组织、高校和企业。

首先，行政机构应该加快职能部门转换，共同制定区域体育产业协同发展的联动机制，建立区域体育产业规划小组，鼓励区域优秀体育产业从业者参与到体育产业市场的政策拟定中。为了使体育产业的发展拥有一个良好的发展环境，区域行政机构需要与企业和社会组织及时沟通，以期制定符合区域实际的体育产业发展各项政策法规。加强对体育产品的价格、质量及服务加以控制，合理规范体育市场的各种消费，减轻体育产品制造者、经营者的负担，使体育产业市场规模不断扩大，促进成渝地区经济的发展。

其次，社会组织应该持续整合优化成渝地区双城经济圈体育产业要素资源配置，统筹发挥重庆、成都两个国家中心城市的协调带动作用，创新发展各区域的优势和特色。目前，成渝地区已经成立成渝体育产业联盟来作为该区域体育产业发展的协调机构。未来成渝体育产业联盟应当切实发挥统筹协调作用，定期召开协调会议，协商解决发展中的突出问题，统筹推进成渝地区体育产业的一体化发展，加强与区域内部行政机构的工作衔接。

再次，在成渝地区体育产业协同发展中，高校是其中重要的参与者。刘超和张广兵认为智库是联结政府与社会、决策者与利益集团的中介，也是决策支撑系统的一支核心力量[1]。区域内的高校智库能够切实研究区域内部的发展问题，提出符合区域发展的解决方案，体现区域发展的特色。此外，高校能够实行产教融合、

---

[1] 刘超，张广兵. 智库在创新型国家建设中的角色与责任[EB/OL].（2018-12-20）[2024-06-28]. http://sscp.cssn.cn/xkpd/mkszyyk/201812/t20181220_4796387.html.

科教育人的培养战略，为成渝地区体育产业高质量发展储备人才。因此，高校应当与其他社会主体协同发展，为成渝地区体育产业发展培育社会所需的应用型人才，为成渝地区体育产业协同发展提供高质量、高水平的政策建议，为成渝地区体育产业的创新驱动发展提供有洞见的先导理念。

最后，体育企业作为成渝地区体育产业的重要主体，也应当认真落实区域协同发展战略，为成渝地区体育产业协同发展助力加速。体育企业应当与政府部门和社会组织建立良好的关系，与其建立有效的沟通机制，保质保量完成各项目工作。此外，体育企业应当与区域内其他企业建立合作机制，实现区域内的合作共赢。体育企业还能够通过投资，带动区域内其他企业的发展，为成渝地区体育产业高质量发展助力。

8.4.2 强化组织监督合力

强化政府部门的战略指导作用和监督作用，实行管办分离、政社分开，弱化政府对体育社会组织的管理职能。鼓励四川与重庆的政府部门放开部分管理权，交由体育社会组织承担相应职责。与此同时，政府也应提高监督管理水平。政府应加强督促检查，将年度重点工作和重大合作事项纳入市委、市政府重点工作督查范围；加强考核管理，将相关工作成效纳入体育职能部门和单位绩效考核的内容。此外，除了对社会组织进行监督管理，还应对体育产业企业加强监管。体育企业作为成渝体育产业的重要主体，其在成渝地区体育产业协同发展中的作用也是巨大的，对成渝地区体育企业进行监管，能够更好地推动成渝地区体育产业的高质量发展。监督管理工作并非只是政府的工作，要想建立健全成渝地区体育产业协同发展组织协调机制，还需要政府、社会组织、体育企业之间相互监督，强化组织监督合力，优化区域体育产业协同发展的市场环境，为成渝地区体育产业的发展保驾护航。

8.4.3 推动组织工作标准化

标准化是组织中的重要协调机制，其目的是控制和沟通。推动成渝地区体育产业组织工作标准化，能够更好地推动成渝地区体育产业协同发展。对此，成渝地区应当重视成渝标准化协同机制的建立和协同标准的发布实施。首先，各地应共同制定标准化协同机制，应当在沿用重庆"3+7N"和四川"8+N"标准化体系框架的基础上，结合体育产业的发展特点，制定体育产业的标准化协同机制。其次，应当推动成渝地区体育产业协同标准的发布实施，为成渝地区体育产业协同发展提质增效。此外，协同标准的制定需要各地方共同协商、多方参与，携手构建全面、高效的成渝地区体育产业协同标准体系。例如，京津冀区域就曾聚焦北京冬奥会，提出《绿色雪上运动场馆评价标准》。未来，成渝地区将进一步发挥标准在组织方面的协调作用，助推成渝地区体育产业的协同发展。

参 考 文 献

1. 国内著述

[1] 《成渝地区双城经济圈建设研究报告（2022）》编委会. 成渝地区双城经济圈建设研究报告 2022 共筑中国经济第四增长极[M]. 北京：社会科学文献出版社，2022.

[2] 四川省地方志工作办公室. 成渝地区双城经济圈建设年鉴 2021[M]. 北京：新华出版社，2021.

[3] 重庆市综合经济研究院，四川省经济和社会发展研究院. 成渝地区双城经济圈一体化发展研究报告（2020—2021 年）[M]. 北京：中国经济出版社，2022.

[4] 国家体育总局体育经济司. 蓬勃发展的中国体育产业（2016—2020 年）[M]. 北京：人民体育出版社，2022.

[5] 李中锋. 成渝地区双城经济圈建设报告（2022）[M]. 北京：社会科学文献出版社，2022.

[6] 肖金成，王德才，兰传海. 成渝地区双城经济圈发展报告（2022）[M]. 北京：社会科学文献出版社，2022.

[7] 张玉赋. 区域网络化产业技术创新系统研究[M]. 南京：东南大学出版社，2017.

[8] 杨继瑞. 成渝地区双城经济圈发展研究报告[M]. 北京：经济管理出版社，2022.

[9] 闵希莹，顾永涛，刘长辉，等. 成渝地区双城经济圈高质量发展的重大举措与实践探索[M]. 北京：社会科学文献出版社，2023.

[10] 吴明隆. 问卷统计分析实务——SPSS 操作与应用[M]. 重庆：重庆大学出版社，2010.

[11] 王贵友. 从混沌到有序——协同学简介[M]. 武汉：湖北人民出版社，1987.

2. 国外著述

[1] SCHUMPETER J A. The theory of economic development: An inquiry into profits, capital, credit, interest, and the business cycle[M]. New Brunswick: Transaction Publishers, 1980.

[2] FREEMAN C, SOETE L. The economics of industrial innovation[M]. London: Routledge, 2012.

[3] DONALDSON, JOE F, CHARLES E, et al. Collaborative program planning: Principles, practices, and strategies[M]. Malabar, Florida, USA: Krieger Publishing Company, 1999.

[4] 埃德加·M.胡佛. 区域经济学导论[M]. 王翼龙，译. 北京：商务印书馆，1990.

[5] 阿尔弗雷德·韦伯. 工业区位论[M]. 李刚剑，陈志人，张英保，译. 北京：商务印书馆，2010.

[6] 赫尔曼·哈肯. 协同学：大自然构成的奥秘[M]. 凌复华，译. 上海：上海译文出版社，2005.

[7] 马歇尔. 经济学原理（上）[M]. 朱志泰，译. 北京：商务印书馆，1964.

[8] 马歇尔. 经济学原理（下）[M]. 陈良璧，译. 北京：商务印书馆，1965.

3. 国内期刊论文

[1] 程皓，阳国亮. 区域一体化与区域协同发展的互动关系研究——基于粤港澳大湾区及其腹地的PVAR模型和中介效应分析[J]. 经济问题探索，2019（10）：65-81.

[2] 陈鸥. 成渝地区双城经济圈体育产业协同发展基础、困境与路径[J]. 成都体育学院学报，2022，48（5）：90-96.

[3] 管顺丰，胡树华，石永军. 产业创新原理及管理原则[J]. 企业改革与管理，2004（6）：16-19.

[4] 王艾青. 技术创新、制度创新与产业创新的关系分析[J]. 当代经济研究，2005（8）：31-34.

[5] 罗积争，吴解生. 产业创新：从企业创新到国家创新之间的桥梁[J]. 经济问题探索，2005（4）：111-114.

[6] 梁威，赵学礼. 基于产业创新的竞争战略选择[J]. 商业时代，2006（5）：11，13.

[7] 朱凯迪，鲍明晓. 体育产业促进就业：域外经验与本土启示[J]. 武汉体育学院学报，2019，53（11）：10-15.

[8] 黄海燕. 新时代体育产业助推经济强国建设的作用与策略[J]. 上海体育学院学报，2018，42（1）：20-26.

[9] 蔡亚天. 成渝双城经济圈文旅产业融合发展路径研究[J]. 产业创新研究，2023（1）：66-68.

[10] 邓超. 我国体育产业发展结构分析[J]. 现代营销（下旬刊），2020（9）：174-175.

[11] 蔡雅西，杨炜明. 双中心城市网络视角下成渝地区经济协调发展的驱动效应[J]. 统计理论与实践，2022（5）：43-50.

[12] 何一民，崔峰，何永之. 多维度视阈下成渝地区双城经济圈建设探析[J]. 四川师范大学学报（社会科学版），2021，48（3）：180-190.

[13] 赵文升，张聪，涂晓静. 信息资源共建共享引入市场机制的利弊及对策研究[J]. 图书馆学刊，2015，37（11）：12-15，47.

[14] 王平. 基于组织协调机制的标准化综述——明茨伯格的管理学观点[J]. 标准科学，2021（5）：6-14.

[15] 刘昊，祝志勇. 从地区性市场走向区域性市场——基于五大城市群市场分割的测算[J]. 经济问题探索，2021（1）：124-135.

[16] 张颖，骆雯雯. 科技创新下长三角区域一体化协作发展研究——基于演化博弈模型的路径分析[J]. 科技管理研究，2020，40（14）：107-115.

[17] 周清明，周咏松. 成渝地区体育产业一体化开发的政府合作机制研究[J]. 成都体育学院学报，2008（11）：25-28.

[18] 刘大均，陈君子. 成渝城市群旅游流网络空间与区域差异研究[J]. 西南师范大学学报（自然科学版），2020，45（12）：112-119.

[19] 刘昊，祝志勇. 成渝地区双城经济圈劳动力市场一体化及其影响因素研究[J]. 软科学，2020，34（10）：90-96.

[20] 易淼. 新时代推动成渝地区双城经济圈建设探析：历史回顾与现实研判[J]. 西部论坛，2021，31（3）：72-81.

[21] 单学鹏, 罗哲. 成渝地区双城经济圈协同治理的结构特征与演进逻辑——基于制度性集体行动的社会网络分析[J]. 重庆大学学报（社会科学版）, 2021, 27（2）: 55-66.

[22] 罗杰勋, 张晓林, 田贞. 成渝地区双城经济圈体育产业一体化发展探究[J]. 体育文化导刊, 2022（4）: 90-95, 110.

[23] 葛明, 聂平平. 区域性国际组织协作的集体行动逻辑分析——以上海合作组织为例[J]. 上海行政学院学报, 2017, 18（6）: 100-109.

[24] 陈婉玲, 丁瑶. 区域经济一体化的源流追溯与认知纠偏[J]. 现代经济探讨, 2021（6）: 1-11, 18.

[25] 黄海燕, 曾鑫峰. 体育新空间的空间生产表征与实践路径[J]. 体育学研究, 2022, 36（6）: 44-56, 68.

[26] 陈林会, 刘青. 成渝地区双城经济圈体育产业融合发展研究[J]. 经济体制改革, 2020（6）: 57-63.

[27] 郭新艳, 黎小钰. 成渝地区双城经济圈体育区域协作网络特征与形态分析[J]. 成都体育学院学报, 2022, 48（5）: 77-83.

[28] 张玲玲, 程林林. 打造支柱性体育产业助力体育强国建设的思考[J]. 成都体育学院学报, 2019, 45（6）: 24-26, 32.

[29] 王志宝, 孙铁山, 李国平. 区域协同创新研究进展与展望[J]. 软科学, 2012, 27（1）: 1-4, 9.

[30] 秦鹏, 刘焕. 成渝地区双城经济圈协同发展的理论逻辑与路径探索——基于功能主义理论的视角[J]. 2021, 27（2）: 44-54.

[31] 陈向明. 互补协同: 全球城市竞争与合作的新趋向[J]. 探索与争鸣, 2019, （3）: 20-23.

[32] 刘世庆, 齐天乐. 嘉陵江流域: 构建成渝经济区北部新兴经济带和增长极[J]. 软科学, 2012（12）: 83-87.

[33] 江小涓. 体育产业发展: 新的机遇与挑战[J]. 体育科学, 2019, 39（7）: 3-11.

[34] 刘世庆. 成渝经济区建设研究——川渝毗邻地区的发展差距与合作策略[J]. 经济体制改革, 2008（1）: 137-141.

[35] 马修文, 胡文龙. 国家战略: 打造成渝地区双城经济圈的方法与路径——推进成渝地区双城经济圈建设系列党课之一[J]. 党课参考, 2020（8）: 45-65.

4. 国外期刊论文

[1] DICKSON G, ZHANG J J. Sports and urban development: an introduction[J]. International journal of sports marketing & sponsorship, 2020, 22(1): 1-9.

[2] THURMAIER K, WOOD C. Interlocal agreements as overlapping social networks: Picket-fence regionalism in Metropolitan Mansas City[J]. Public administration review, 2002, 62 (5): 585-598.

[3] ASTRIDM, KOENV, JANW. Why public organizations contribute to crosscutting policy programs: The role of structure, culture, and ministerial control[J]. Policy sciences, 2021, 54(1): 123-154.

[4] MCLAUGHLIN D M, MEWHIRTERJM, LUBELLM. Conflict contagion: How interdependence shapes patterns of conflict and cooperation in polycentric systems[J]. Journal of public administration research and theory, 2022, 32(3): 543-560.

5. 学位论文

[1] 吕翔. 区域冲突与合作及制度创新研究[D]. 天津：南开大学，2014.
[2] 张哲. 职前教师的采纳技术教学行为影响因素研究[D]. 长春：东北师范大学，2016.
[3] 刘莹. 基于哈肯模型的我国区域经济协同发展驱动机制研究[D]. 长沙：湖南大学，2014.
[4] 范靖秋. 区域经济一体化背景下成渝地区体育产业协同发展研究[D]. 太原：山西财经大学，2021.
[5] 郭梦菲. 成渝地区双城经济圈体育产业集聚对产业结构升级的影响研究[D]. 成都：成都体育学院，2022.
[6] 唐薛睿. 成渝地区双城经济圈体育协同治理的网络特征研究[D]. 成都：成都体育学院，2022.
[7] 王霞. 区域一体化背景下成渝地区双城经济圈产业协同发展研究[D]. 成都：西华大学，2021.

6. 会议论文

[1] 李中庆，杨晋平. 成渝地区双城经济圈建设背景下体育产业协同发展路径探索[C]//陕西省体育科学学会. 第一届陕西省体育科学论文报告会优秀论文集. 成都：成都体育学院，2021：6.
[2] 李中庆，赵宗恒，武冰冰. 成渝地区双城经济圈文体旅产业融合发展研究[C]//中国体育科学学会. 第十二届全国体育科学大会论文摘要汇编——专题报告（体育产业分会）. 成都：成都体育学院，四川外国语大学成都学院，世界遗产地休闲体育旅游研究中心，2022：3.
[3] 胡亮亮. 成渝地区双城经济圈体育产业高质量一体化发展研究[C]//中国体育科学学会. 第十二届全国体育科学大会论文摘要汇编——专题报告（体育产业分会）. 成都：成都体育学院，2022：3.
[4] 陈鸥. 成渝地区双城经济圈体育产业协同发展困境与路径选择[C]//中国体育科学学会. 第十二届全国体育科学大会论文摘要汇编——专题报告（体育产业分会）. 成都：西华大学，成都体育学院，2022：3.
[5] 文裒. 协同学视角下"唱好双城记、融入双循环"的复杂性探析——对成渝地区双城经济圈建设高质量发展环境的思考[C]//四川劳动保障杂志出版有限公司. 劳动保障研究会议论文集（十五）. 成都：四川旅游学院旅游文化产业学院，2022：3.

7. 报纸文献

[1] 四川日报全媒体评论员. 强化成渝地区公共服务共建共享[N]. 四川日报，2021-11-04（1）.
[2] 刘超，张广兵. 智库在创新型国家建设中的角色与责任[N]. 中国社会科学报，2018-12-20（2）.
[3] 余沁. 川渝体彩按下"协同发展"快进键[N]. 中国体育报，2023-05-08（8）.
[4] 曹惠君. 双城携手"加速跑" 成渝体育产业联盟揭牌[N]. 成都日报，2021-12-20（4）.
[5] 丛雨萌. "体育荟"按下川渝体育交流快进键[N]. 四川日报，2022-11-16（9）.
[6] 王林. 成渝联手重现"金牌球市" 期待再闻"雄起"声[N]. 重庆晨报，2021-01-22（3）.

8. 电子文献

[1] 中华人民共和国国家发展和改革委员会. "十四五"规划《纲要》名词解释之 3 | 高质量发展[EB/OL].（2021-12-24）[2023-05-09]. https://www.ndrc.gov.cn/fggz/fzzlgh/gjfzgh/202112/t20211224_1309252.html.

[2] 中国人民共和国最高人民检察院. 权威发布：十九大报告全文[EB/OL].（2017-10-18）[2023-05-09]. https://www.spp.gov.cn/tt/201710/t20171018_202773.shtml?eqid=a84923fe0009ecff00000002647dad68.

[3] 生态体育. 新时代体育产业促进就业[EB/OL].（2021-10-12）[2023-05-09]. https://www.sohu.com/a/494535616_505583.

[4] 四川省体育局. 四川省体育产业联合会今日正式发布《2021 年四川省体育消费调查报告》[EB/OL].（2022-11-07）[2023-05-09]. http://tyj.sc.gov.cn/sctyj/tycy/2022/11/7/c0c8ce60d0ec44e483465a12c5a49624.shtml.

[5] 成都市体育局. 2021 年成都市居民体育消费调查主要数据[EB/OL].（2022-02-28）[2023-05-09]. http://cdsport.chengdu.gov.cn/cdstyj/c149438/2022-02-28/content_9b735f35d4324f78838825f3a4b2d945.shtml.

[6] 成都市体育局. 2022 年成都市体育产业白皮书[EB/OL].（2023-07-26）[2023-08-01]. https://cdsport.chengdu.gov.cn/cdstyj/c149438/2023-07-26/content_43c6f4a0fde44f12af664e9270176ade.shtml.

[7] 国家发展和改革委员会. 推动成渝地区双城经济圈建设 打造高质量发展重要增长极[EB/OL].（2021-10-21）[2023-05-09]. https://www.ndrc.gov.cn/xxgk/jd/jd/202110/t20211021_1300636_ext.html.

附录 相关资料

附录 1

"成渝地区双城经济圈体育产业空间特征及协调发展对策研究"
专家访谈提纲

【基本信息】

访谈编号	受访者姓名
访谈日期	访谈提纲
职务	联系方式
单位/部门	备注

【访谈提纲】

1. 您能谈一谈当前成渝地区双城经济圈体育产业协调发展的现状吗？

2. 您认为当前成渝地区双城经济圈体育产业协调发展存在的问题是由哪些因素造成的呢？

3. 从工作的角度讲，您认为下一步如何更高质量地推进成渝地区双城经济圈体育产业协调发展？例如，选择什么样的路径模式？有何具体方向与建议？

附录 2

"成渝地区双城经济圈体育产业空间特征及协调发展对策研究"专家问卷（第一轮）

问卷编号：_____

尊敬的专家：

感谢您在百忙中阅读并填写此份问卷！

以下是四川省哲学社会科学项目"成渝地区双城经济圈体育产业空间特征及协调发展对策研究"为构建成渝地区体育产业空间分布影响因素指标体系制定的专家问卷，请您拨冗填写，给予指导。您的意见和意见将作为重要的参考依据。

问卷说明：

此问卷的目的是通过借鉴专家的经验和知识，采用德尔菲法搜集专家意见，进而选取适当指标，调查结果仅为课题学术研究所用。此问卷为第一轮，共计人口因素、地理因素、经济因素、交通因素、体育发展基础、政府行为、文化因素 7 个一级指标，年末总人口、人口密度、体育人口等 30 个二级指标。

填表说明：

1. 针对每个指标，请您首先考虑用推荐的初选指标进行的描述是否适宜，如果决定选用某个指标，则请依据您的判断对其重要程度进行赋值（非常重要为 5 分；比较重要为 4 分；一般重要为 3 分；不重要为 2 分；很不重要为 1 分）。

2. 如果认为指标不宜采用，则请直接在得分栏中打"×"。

3. 如果您认为初选指标不理想或需要添加，那么可以根据您的经验提出新的指标，填在"新增指标"一栏中。

专家基本情况：

姓名：　　　　　　职务：　　　　　　职称：

电话：　　　　　　E-mail：

再次感谢您在百忙之中填写这份问卷！

一级指标	评价赋值	二级指标	评价赋值
B1 人口因素		年末总人口	
		人口密度	
		体育人口	
B2 地理因素		距核心城市的距离	
		地貌特征	
		气候	
		海拔高度	
		自然资源丰富度	
B3 经济因素		各地区的GDP	
		人均可支配收入	
		人均消费支出	
B4 交通因素		铁路路网规模	
		内河航道密度	
		高速公路密度	
		城市公路密度	
B5 体育发展基础		体育产业增加值	
		体育消费水平	
		体育从业人口	
		体育场地覆盖率	
		各地区体育产业结构	
		体育产业聚集度	
		体育企业数量	
		体育产业规模	
		体育需求	
B6 政府行为		体育财政拨款	
		体育税收优惠	
		体育政策支持	
B7 文化因素		价值观念	
		消费习俗	
		历史传统	
新增指标			

续表

一级指标	评价赋值	二级指标	评价赋值
新增指标			

附录3

"成渝地区双城经济圈体育产业空间特征及协调发展对策研究"专家问卷(第二轮)

问卷编号：_____

尊敬的专家：

感谢您在百忙中阅读并填写此份调查问卷！

以下是四川省哲学社会科学项目"成渝地区双城经济圈体育产业空间特征及协调发展对策研究"为构建成渝地区体育产业空间分布影响因素指标体系制定的专家问卷，请您拨冗填写，给予指导。您的意见和意见将作为重要的参考依据。

问卷说明：

此问卷的目的是通过借鉴专家的经验和知识，采用德尔菲法搜集专家意见，进而选取适当指标，调查结果仅为课题学术研究所用。此问卷为第二轮，共计人口因素、地理因素、经济因素、交通因素、体育发展基础、政府行为6个一级指标，年末总人口、人口密度、体育人口等25个二级指标。

填表说明：

1. 针对每个指标，请您首先考虑用推荐的初选指标进行的描述是否适宜，如果决定选用某个指标，则请依据您的判断对其重要程度进行赋值（非常重要为5分；比较重要为4分；一般重要为3分；不重要为2分；很不重要为1分）。

2. 如果认为指标不予采用，则请直接在得分栏中打"×"。

3. 如果您认为初选指标不理想或需要添加，那么可以根据您的经验提出新的指标，填在"新增指标"一栏中。

附录 相关资料

专家基本情况：

姓名：　　　　　　职务：　　　　　　职称：

电话：　　　　　　E-mail：

再次感谢您在百忙之中填写这份问卷！

一级指标	评价赋值	二级指标	评价赋值
B1 人口因素		年末总人口	
		人口密度	
		体育人口	
B2 地理因素		距核心城市的距离	
		地貌特征	
		气候	
		海拔高度	
B3 经济因素		各地区的GDP	
		人均可支配收入	
		人均消费支出	
B4 交通因素		铁路路网规模	
		内河航道密度	
		高速公路密度	
		城市公路密度	
B5 体育发展 基础		体育产业增加值	
		体育消费水平	
		体育从业人口	
		体育场地覆盖率	
		各地区体育产业结构	
		体育产业聚集度	
		体育企业数量	
		体育产业规模	
B6 政府行为		体育财政拨款	
		体育税收优惠	
		体育政策支持	
新增指标			

续表

一级指标	评价赋值	二级指标	评价赋值
新增指标			

附录4

"成渝地区双城经济圈体育产业空间特征及协调发展对策研究"调查问卷

问卷编号：_____

您好：

感谢您在百忙中阅读并填写此份调查问卷！

以下是四川省哲学社会科学项目"成渝地区双城经济圈体育产业空间特征及协调发展对策研究"为构建成渝地区体育产业空间分布影响因素指标体系制定的调查问卷，请您拨冗填写。

您的意见和建议将作为重要的参考依据！

问卷说明：

此问卷的目的是对构建的成渝地区体育产业空间分布影响因素指标进行验证，以便进行推广，调查结果仅为课题学术研究所用。此问卷共计人口因素、地理因素、经济因素、交通因素、体育发展基础、政府行为6个一级指标，年末总人口、人口密度、体育人口等22个二级指标。

填表说明：

针对每个指标，请依据您的判断对其重要程度进行赋值（非常重要为5分；重要为4分；一般重要为3分；不重要为2分；非常不重要为1分）。

您的基本情况：

姓名：　　　　　　　　学历：

年龄：　　　　　　　　职称：

成渝地区体育产业空间分布影响因素评价指标体系	一级指标	非常重要	重要	一般重要	不重要	非常不重要
	人口因素					
	地理因素					
	经济因素					
	交通因素					
	体育发展基础					
	政府行为					

成渝地区体育产业空间分布影响因素评价指标体系	二级指标	非常重要	重要	一般	不重要	非常不重要
	年末总人口					
	人口密度					
	体育人口					
	距核心城市的距离					
	地貌特征					
	各地区的 GDP					
	人均可支配收入					
	人均消费支出					
	铁路路网规模					
	内河航道密度					
	高速公路密度					
	城市公路密度					
	体育产业增加值					
	体育消费水平					
	体育从业人口					
	体育场地覆盖率					
	各地区体育产业结构					
	体育产业聚集度					
	体育企业数量					
	体育财政拨款					
	体育税收优惠					
	体育政策支持					

附录 5

"成渝地区双城经济圈体育产业空间特征及协调发展对策研究"前期相关研究成果

成果一：成渝地区双城经济圈体育区域协作网络特征与形态分析[①]

区域一体化发展已成为我国参与国际竞争的重要载体，以大都市为核心的城市群已成为经济最为活跃的区域[1]，成渝地区双城经济圈建设是近年来中央继京津冀、长三角、粤港澳城市群建设后党中央提出的又一重大战略布局，推动成渝地区双城经济圈一体化协同发展、高标准启动成渝地区双城经济圈建设是党中央国务院赋予川渝两地的重大使命。成渝地区具有三次产业融合发展、城乡融合发展、高质量协同发展的潜质，可形成具有中国特色、成渝特点的新格局发展范式。经济的快速发展和区域一体化发展的趋势，促使政府之间寻求积极协作，如府际协议、联席会等形式的合作交流，体育领域亦是如此[2-3]。那么，2016 年成渝经济区提出至今，在成渝地区体育协同治理中，跨区域体育协作关系呈现何种态势？内部节点扮演怎样的角色？未来成渝地区双城经济圈体育协作应该如何提升协作效率？为解决上述问题，研究以 2016 年至 2022 年成渝地区双城经济圈体育协作的政策文本和府际协议为研究对象，采用社会网络分析视角，系统呈现成渝地区双城经济圈体育协作的行动路径、形成的协作状态，并结合体育领域内一些现象对成渝地区体育区域协作的现实推进机制进行探讨。

[①] 郭新艳，黎小钰. 成渝地区双城经济圈体育区域协作网络特征与形态分析[J]. 成都体育学院学报，2022，48（5）：77-83.

1 研究设计

1.1 样本选取与数据来源

本研究选取 2016—2022 年期间涉及"成渝经济区""成渝城市群""成渝地区双城经济圈"不同层级的政策文本和府际协议共计 410 份。研究样本主要来自成渝地区双城经济圈涉及的四川省 15 个市、重庆市 27 个区（县）、四川省及重庆市的官方网站、政务所属新媒体（融媒体中心、官方微博、微信公众号）以及官方认证的传媒媒体（央视媒体、省级市级日报），并将官方公开的且符合条件的政务信息、新闻资讯等进行数据收集与整理。

1.2 数据筛选与预处理

根据最新发布的成渝地区体育合作文件、新闻信息进行初步集合整理，产生最终的需要搜索的文本数据词组，最终采用 Python 3.7.6 软件对官方网站数据库中有关成渝体育合作交流的文本文件、新闻政务信息进行全方位的网络搜索，以各地级人民政府官方门户网站、政务所属新媒体以及官方认证的传媒媒体的面板数据为数据来源，搜集到成渝地区双城经济圈 2016—2022 年（截至 2022 年 3 月 31 日）的体育协作相关文本数据。进而通过对信息文本的全篇阅读，删除文本中无效或是异常信息数据，以保证研究统计数据的完整性和全面性；针对不同渠道来源的信息文本进行内容对比、交叉核对、剔除重复即剔除内容关联性较高的重复数据，以提升文本信息数据的有效性。

1.3 数据整理与转化

研究借助社会网络分析软件 UCINET 6.0 进行体育区域协同治理网络的网络结构特征分析，通过数据处理，统计 2016—2022 年中各地级市人民政府官方公开的有关区域体育协作的政务信息、工作报告中体育合作相互提及的频次，将整理得到的数据矩阵，转化为便于网络特征分析的二值化矩阵表，以凸显成渝地区双城经济圈体育区域协同治理网络的空间结构。由于参与主体的体育协同方式多样，而且涉及双方或多方治理主体，因此体育区域协作网络为无向网络，不区分方向性。（见表1）

表1 二值化处理后的成渝地区体育协作数据

	重庆	成都	德阳	绵阳	遂宁	达州	广安	乐山	泸州	眉山	南充	内江	雅安	宜宾	资阳	自贡
重庆	0	1	1	1	1	1	1	1	1	1	1	1	1	1	1	1
成都	1	0	1	1	1	1	1	1	1	1	1	1	1	1	1	1
德阳	1	1	0	1	1	0	0	1	0	1	0	0	0	0	1	1
绵阳	1	1	1	0	1	1	0	1	0	1	1	0	0	0	1	1
遂宁	1	1	1	1	0	1	1	0	1	1	1	1	1	1	1	1
达州	1	1	0	1	0	1	0	0	0	1	0	1	0	0	1	0
广安	1	1	0	1	1	1	0	0	0	0	1	0	0	0	1	0
乐山	1	1	1	0	0	0	0	0	0	1	0	0	1	0	1	1
泸州	1	1	0	0	1	0	0	0	0	0	0	1	0	1	0	1
眉山	1	1	1	1	1	0	0	1	0	0	0	1	1	1	1	1
南充	1	1	0	1	1	0	1	0	0	0	0	1	0	0	1	1
内江	1	1	0	0	1	0	0	0	1	1	1	0	1	0	1	1
雅安	1	1	0	0	1	0	0	1	0	1	0	0	0	1	1	1
宜宾	1	1	0	0	1	0	0	0	1	1	1	1	1	0	0	1
资阳	1	1	1	1	1	1	1	1	0	1	1	1	1	0	0	1
自贡	1	1	1	1	1	0	0	1	1	1	1	1	1	1	1	0

2 研究结果与分析

2.1 区域协作路径分析

区域协作的地理路径具有复杂网络的典型特征[4]，成渝地区双城经济圈内部各市州之间的合作组成了复杂的网络结构，在对成渝地区双城经济圈体育协作状态调查中，我们发现，各地通过地理路径、抱团路径和借势路径来寻求区域体育之间的协作[5-6]，构建了不同类型的区域合作网络。

2.1.1 "地理路径"：依托地理区位寻求合作路径

近来成渝地区已在依托地理路径方面不断进行合作探索[7]。2012年在四川省广安市建设川渝合作示范区广安片区，不断推动与重庆规划互通、交通互联、产业共育、服务共享，先后与重庆30余个部门签订经济和社会事业合作协议，共同打造多个产业园区[8]，再如成都的制鞋产业第5次大转移的终点选择在资阳市安岳、乐至两县等[9]。在体育协作方面，成渝两地体育公共服务融合发展框架协议中，提到共同制定融合发展规划和政策，推动成渝地区毗邻区市县开展体育交流共建，这也是一种地理路径的体现，通过对整体环境的扩展，扩大成渝地区体育发展的边界，提升整体地区体育产业规模以及经济效益，降低由于环境问题而产生的多余成本[10]。在进行成渝地区体育区域协作时，重庆两江新区与四川省广安市、成都东部龙泉驿、遂宁市至重庆的潼南等其他区域均可依托地理区位优势进行相关协作[11]。

随着信息技术改变，加之后疫情时代新的运作模式变化，"地理路径"的地域限制范围可以被打破[12]。例如由四川省和重庆市两地社会体育指导中心主办、两地多个地方体育部门共同承办的"2020·中国成渝双城万人瑜伽大会创吉尼斯纪录活动暨百万人民线上瑜伽大赛"共有104 836人以两地同时、同步完成一套健身瑜伽的方式，创下了吉尼斯纪录，是目前国内最大规模的"线上+线下"万人同步瑜伽表演活动，也是成渝双城经济圈融合的首个正式开启的体育项目[13]。但是，这种形态仍旧是成渝地区双城经济圈体育协作最直接便捷的方式。

2.1.2 "抱团路径"：中心城市对周边城市的带动作用

调查中发现，在成渝地区双城经济圈建设中体育区域协作网络中，地理路径发展的后续阶段常常会出现另一类形态——"抱团"。如图1所示：地方政府A如何选择与谁合作，因为A与地方政府B已经进行了合作，B和地方政府C已经存在合作关系，那么A选择与C进行合作就构成了所谓的"团体"。按照奥尔森所说的"集体行动"的逻辑，抱团路径的最大优势是取得"三角结构"稳定性，这类协作也使体育协作具有更大的有效性[14-15]。这种情况往往出现在集体行动结果不确定的情况下，选择一个凝聚子群的成员，分享信息共享资源，分担风险[16]。

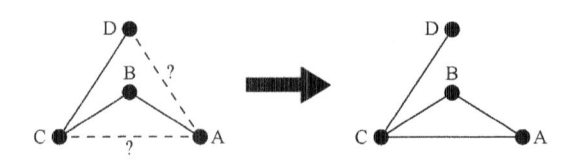

图 1 抱团路径

成渝的微型电子计算机根据产业比较优势进行外部产业转移，这是典型的创造条件吸引产业链上的核心企业转移，带动配套企业、研发机构、服务机构向集群集中，带动本地整体升级，通过引入计算机龙头企业，进而扩充到供应链上下游企业入驻，通过这种形态，成渝微型电子计算机的产量已经超过广东省和江苏省。在体育领域，2019 年底，首个落户于我国西部地区的国际体育组织——亚洲体育舞蹈联合会总部成功落户成都，这为成渝体育舞蹈项目的发展提供了难得的机遇。满足了"集聚"的条件，在 2020 年 5 月 28 日成都市体育舞蹈协会与重庆市体育舞蹈协会签订了成渝两地体育舞蹈战略合作协议，建立稳定共赢、优势互补的战略合作伙伴关系。

2.1.3 "借势路径"：周边城市对中心城市的依附作用

本研究发现，当周边城市在某一领域处于劣势时，会选择某一中心城市进行依附[17]。例如，成渝地区安岳县和乐至县引入的体育用品制造龙头或优势企业，比如鸿星尔克投产落地于安岳县，创造条件进而吸引到供应链上下游资源，这就是借势路径的反映。就如由四川省科技厅、重庆市科技局牵头，成都高新区、重庆高新区联手共同打造的"成渝科创走廊"，构建"成渝总部研发+周边成果转化"，推动创新成果在沿线园区产业化一样，在成渝地区双城经济圈建设中也可采取类似的措施打造"成渝地区体育沿线园区"[18]。此类形态主要通过扩展或者改变网络关系结构，改变自身在网络中的地位，争取外部资源和支持，扩大网络影响[19]。路径演变如图 2 所示。因地方政府 C 与地方政府 B 合作，地方政府 B 与地方政府 A 合作，证明 C 与 A 形成间接合作的关系，地方政府 A 选择与地方政府 D 合作，通过跟 D 合作可以降低 C 在整个合作网络中的重要程度，有利于 A 本身发展，扩大 A 政府在整个区域合作网络中的地位，起到借势作用。

图 2　借势路径

2.2　整体网络分析

2.2.1　整体网络综合性指标

为了对成渝地区体育协作网络的整体规模进行刻画，研究对该网络的整体网络密度进行了测算。研究将成渝地区体育协作的多值数据转化为二值关系数据，并运用 UCINET 6.0 软件进行成渝地区体育协作整体网络综合性指标计算和整体网络结构图绘制。（具体见表2、图3）

表 2　成渝地区体育协作整体网络综合性指标

指标名称	数据值
网络密度	0.675
网络关联度	1
网络效率	0.371
平均路径长度	1.325
平均聚类系数	0.750

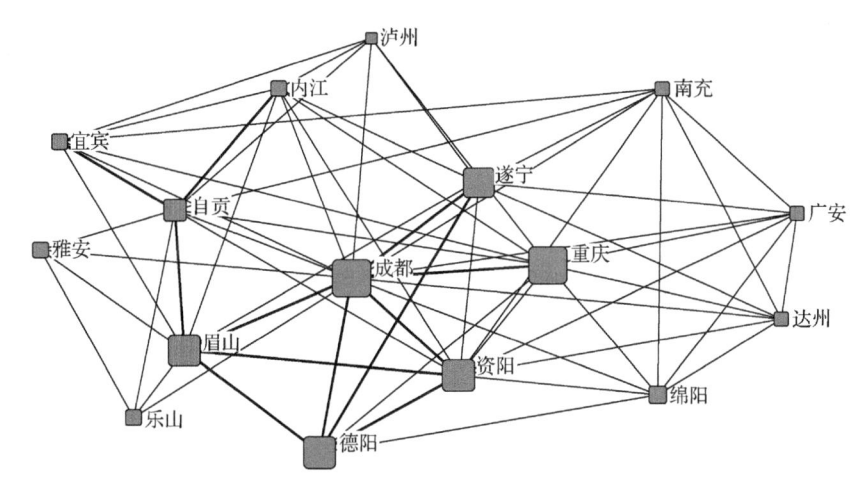

图 3　2016—2022 年成渝地区体育协作整体网络结构图

由表1可知，整体网络密度值接近1，网络关联度数值为1，说明整体网络中可节点联系较为紧密，即成渝地区各市州体育协作呈现较好态势，各市州之间也存在一定的合作，使得整体的网络具有较好的通达性。从网络效率数值、平均路径长度、平均聚类系数可以看出，成渝地区各市州体育协作整体网络效率较高，并具备一定的凝聚能力，不同的地方政府之间仅需要1.325个行动者就可以实现体育互动、交流或联系。但结合网络效率数值可看出，虽然成渝地区各市州体育协作效率较高，但还存在"冗余"连接情况，说明各市州体育协作仍存在不均衡的情况。

从图3可以看出，整个网络以重庆、成都两节点为核心呈辐射状，其余节点则呈相对稀疏状，说明各市州体育协作依然存在空间分布不均。具体来看，重庆和成都两地之间联系较为紧密，其他市州之间的联系相对较弱，这一现象主要由于成渝地区双城经济圈建设推动了重庆和成都两地的联系，成德眉资同城化发展带动了4市体育协作频次，然而其他市州由于地理区位差异、行政区划壁垒等使得区域间体育协作程度较弱。

2.2.2 整体网络密度变化分析

为了更好地呈现成渝地区体育协作整体网络的发展态势，研究以每两年为单位进行分析，共分为3个阶段：第一个阶段为2016年1月—2017年12月；第二阶段为2018年1月—2019年12月；第三阶段为2020年—2021年12月，由于数据搜集时间截至2022年3月，故而将2022年3个月的数据也划入第三阶段的数据，因此第三阶段实际数据为2020年—2022年3月。

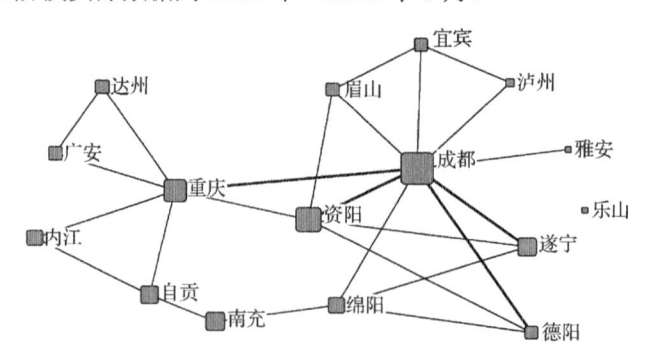

图4 2016—2017年成渝地区体育协作整体网络结构图

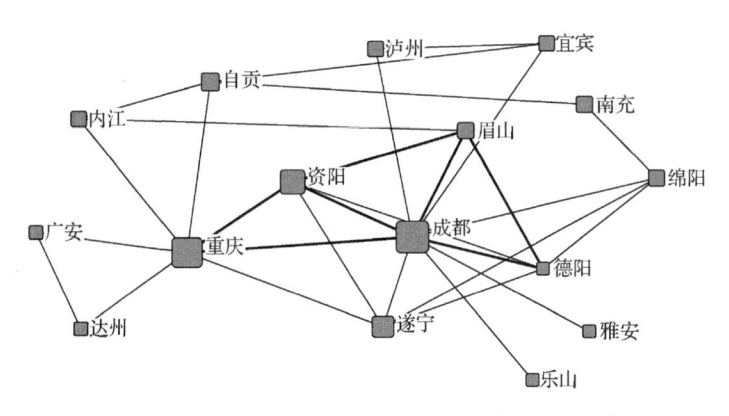

图 5 2018—2019 年成渝地区体育协作整体网络结构图

研究结果表明，不同阶段成渝地区体育协作呈不同特征。首先，三个阶段的整体网络结构发生了明显变化。第一阶段（2016—2017 年），各市州联系相对稀疏，存在碎片化交流现象，重庆与成都之间体育协作较弱，乐山、雅安处于孤立状态，其他市之间尚未建立体育领域的联系；第二阶段（2018—2019 年），各市州之间的体育协作较第一阶段有所加强，以成都为核心辐射形成的成德眉资合作网络初步形成，重庆和成都之间的体育协作也有所增加，但整体来看，仍存在碎片节点孤悬于网络之中的现象，如乐山、雅安仍处于较边缘区域。第三阶段（2020—2022 年）期间，建设成渝地区双城经济圈、成德眉资同城化综合试验区成为重点，各市州政府合作明显增多，体育领域的交流合作次数也明显增多，除重庆和成都两核心城市协作之外，其他市州也开始探索合作道路，如成德眉资地方政府共同制定《关于加快推进成德眉资同城化发展工作方案》以促进 4 市体育事业发展、成都与自贡签署教育对口帮扶合作协议，从而培养输送更多体育后备人才、重庆市潼南区与遂宁合作构建遂潼教育一体化发展，以促进两地体育人才队伍建设和体育资源充分流动。其次，三个阶段的整体网络密度值一直呈上升趋势，这也表明了成渝地区随着政策导向、地方府际合作次数增加，体育领域的交流联系逐渐紧密，体育资源要素也在各市州之间开始流动。但综合来看，2016—2022 年间，成渝地区体育协作仍有待进一步提高各市州的协作频次、协作效率、协作范围，以促使体育资源整合能力、流动能力不断提升。

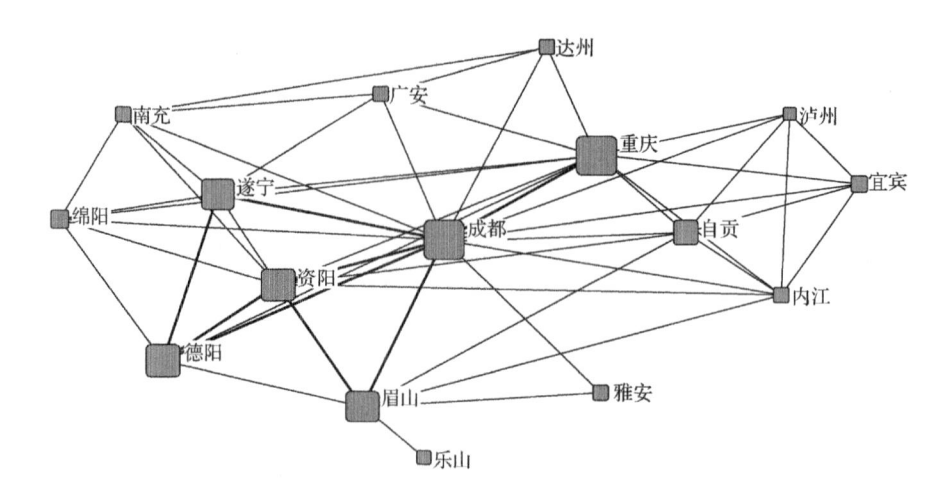

图 6　2020—2022 年成渝地区体育协作整体网络结构图

表 3　成渝地区体育协作整体网络密度变化表

年份划分	网络密度
2016—2017 年	0.450
2018—2019 年	0.475
2020—2022 年	0.567

2.2.3　整体网络结构类型分析

区域体育协作具有复杂网络的典型特征,如从 2016—2017 年整体网络可以看出,其结构主要是局部地区共享型网络结构,特点是少数节点（城市）参与局部区域体育协作,尚未形成完善的协作网络。2018—2019 年整体网络结构主要是单核领导型网络,特点是多数节点（城市）以成都为核心领导,与成都形成区域体育协作网络,但与重庆尚未形成规模协作。2020—2022 年整体网络结构主要是双核领导网络结构,特点是多数节点（城市）以重庆和成都为核心领导,形成大范围的区域体育协作网络。复杂的网络结构使得各市州选择不同的发展路径寻求区域之间体育的协作。

如德阳、眉山、资阳主要采用借势路径,在成德眉资体育同城化、成都都市圈建设中借助成都核心区域的辐射和溢出效应,形成以成都为核心的协作网络。

而内江、自贡两城市则采用抱团路径，积极参与内自体育同城化战略，抱团进入成渝地区体育协作网络，并逐步与周边区域开展合作。广安、达州因与重庆接壤，因而采用地理路径与重庆部分区县展开体育交流与联系，从而参与区域体育协作。综合来看，成渝地区各参与主体通过抱团路径、借势路径和地理路径寻求区域间体育协作，最终形成了以重庆和成都为核心的双核领导的体育协作网络。

2.3 个体网络分析

2.3.1 网络中心度分析

为了呈现单一网络节点在整体网络中的地位及影响力，研究运用UCINET 6.0软件对成渝地区体育协作网络的网络中心度进行了测算，其中包括点度中心度、接近中心度和中介中心度。测算结果如表4所示。

表4 成渝地区体育协作网络中心度

地区	点度中心度	接近中心度	中介中心度
重庆	1.00	1.00	8.11
成都	1.00	1.00	8.11
遂宁	0.93	0.94	6.15
资阳	0.87	0.88	4.68
眉山	0.87	0.88	4.24
德阳	0.73	0.79	1.96
自贡	0.67	0.75	1.67
内江	0.67	0.75	1.43
宜宾	0.60	0.71	0.97
绵阳	0.60	0.71	0.78
南充	0.53	0.68	0.31
雅安	0.53	0.68	0.47
广安	0.47	0.65	0.00
达州	0.47	0.65	0.00
泸州	0.47	0.65	0.14
乐山	0.40	0.63	0.00

在成渝地区体育协作网络中，重庆、成都的点度中心度最大，作为成渝地区体育协作网络中最关键的增长极，处于体育协作网络的核心地位。遂宁、资阳、眉山、德阳、自贡、内江虽然中心度低于重庆和成都，但大于中心度均值，说明这些区域相较于其他城市存在一定程度的体育协作，其主要原因在于成德眉资同城化、内自同城化发展战略，增强了成德眉资、内江自贡之间的体育协作程度。而宜宾、绵阳、南充、雅安、广安、达州、泸州、乐山等城市点度中心度低于均值，但差异并不大，说明这些城市仍参与到了区域体育协作当中，如广安、达州、泸州临近重庆，因此与重庆部分区县展开了部分程度的体育协作，而其他区域参与程度普遍较低。

另外，在成渝地区体育协作网络中，还存在另一类反映了行动者（节点）在网络中的控制能力和调节能力的测度，称之为中介中心度，也即某一个行动者在多大程度上居于其他两个行动者之间。经数据测度发现，重庆和成都的中介中心度均达 8.11，说明重庆和成都在网络中发挥着重要的桥梁作用和中介作用。除重庆和成都外，遂宁、资阳、眉山、德阳、自贡、内江等城市中介中心度相较于其他边缘城市较高，说明其在体育协作网络中扮演了"中间人"角色。而部分中介中心度为 0 的城市，则并不具有中介作用，而是更多通过其他中介城市进行体育资源要素的交换和联系。

2.3.2 凝聚子群分析

为了进一步了解成渝地区体育协作网络中各类群体的凝聚程度（在社会网络分析中，称之为凝聚子群），研究进一步通过聚类分析来测度网络中子群之间的关系紧密程度，了解子群内部成员关系的特点。测算得到的凝聚子群分布情况如表 5 所示。

表 5 成渝地区体育协作网络凝聚子群

分类	参与主体
凝聚子群 1	重庆、成都
凝聚子群 2	遂宁、资阳、眉山、德阳
凝聚子群 3	自贡、内江、宜宾、泸州
凝聚子群 4	绵阳、南充、广安、达州
凝聚子群 5	雅安、乐山

随着双城经济圈建设的持续推进，重庆和成都两地体育系统积极开展多个体育合作项目的签订与协作，这使得重庆和成都成为成渝地区体育协作的主要力量。从不同凝聚子群的分类看出，成渝地区体育协作主要依据城市之间的地理区位来开展。研究发现，遂宁、资阳、眉山、德阳作为重庆和成都周边的相邻城市，受到两个核心增长极的影响较大，且成德眉资同城化发展进一步带动了资阳、眉山、德阳参与区域体育协作。自贡、内江、宜宾、泸州均位于川南片区，内江和自贡两城市在内自同城化发展的影响下，开始"抱团式"发展模式，泸州和宜宾则充分发挥地理优势与重庆部分区域展开体育合作交流。川东片区城市绵阳、南充、广安、达州多通过发挥地理区位优势，与成都、重庆周边区县展开体育合作，带动了体育资源要素在成渝两地之间流动。

综合来看，成渝地区已初步形成重庆和成都为核心的双核领导协作网络，但目前存在明显的空间结构分布不均衡问题，重庆和成都已步入体育协作快车道，周边城市也紧跟双核城市的步伐，但边缘城市则多处于孤立位置，如何充分利用高效率的合作网络联系通道，加强各市州体育资源要素流动，带动边缘城市融入区域体育协作成为亟待解决的问题。

3 研究结论与建议

3.1 研究结论

通过对整体网络密度和结构的分析，研究发现成渝地区体育协作的紧密程度、联系效率均呈良好态势，但各市州体育协作呈现空间分布不均状态。除重庆和成都两个核心城市外，其他城市主要通过抱团路径、借势路径和地理路径参与区域体育协作。改善这一问题，不仅需要核心城市的辐射带动作用，还需要核心城市之间的联合发力作用，及次核心城市的辐射带动作用。通过优化完善整体空间布局，从而促进体育资源要素的高效流动。

通过对个体网络中心度、凝聚子群和核心边缘分析，可以发现成渝地区体育协作网络具有以下特征：重庆和成都作为核心城市，发挥着重要的辐射扩散作用，影响着周边城市参与体育协作；遂宁、资阳、眉山、德阳、自贡、内江等城市具有较强中介作用，使得成渝地区体育协作网络更加紧密；边缘城市如宜宾、绵阳、南充、乐山、雅安、广安、达州、泸州等城市并不具有中介作用，参与区域体育协作的程度较弱。凝聚子群分析得到 5 个凝聚子群，分析发现凝聚子群之间体育协作程度存在较大差异，各市州体育协作主要还是依据地理距离远近进行，且川内区域的体育协作更为紧密。核心边缘模型测算结果得出，成渝地区初步形成了双核领导的体育协作网络，但整体存在空间分布不均现象，未来核心区域城市应加强自身的辐射力；半核心区域城市应充分发挥中介作用，避免中部塌陷情况；边缘城市应借助互联网、数字平台等积极参与区域体育协作。

3.2 政策建议

首先，政府规制主导，优化协作机制。自 2006 年开始，成渝两地在合作共谋发展的道路上不断深入，虽两地"中心"之争的现象有所缓解，但仍有迹可循，也因此成渝两地形成了一条特殊的制度演化路径，这种"解锁"路径的实现需要外生制度的保障。因此，需要政府行政机构依据法律授权，通过制定规章、设定许可、监督检查、行政处罚和行政裁决等行政处理行为，对相关活动进行限制和控制的行为。总的来说政府干预可以分为两大方面：宏观调控与微观规制。在宏观层面，应加强法律干预的规制，确保干预的正当性[20]。根据适度干预原则，区域协作必须有一整套规范、干预市场，包括主体，干预范围、程序、手段、力度等内容在内的法律制度，使政府干预具有法制化、规范化。2022 年 6 月 24 日，十三届全国人大常委会第三十五次会议表决通过新修订的体育法，其在公共体育场地建设、退役运动员安置、体育产业管理、青少年体育健康等方面调整了相关立法内容，国家层面法律法规的出台能够对地方体育领域的协作进行一定的约束和监督。

同时，在微观层面，应理顺区域政府之间的关系，明确区域政府在协作中的地位和能力，从而确保谨慎干预[21]。当前体育领域的府际协作还未形成较大规模，主要展开的是区域性的小范围的合作，未来还有待进一步地明确各地政府间权责，并进行积极的互动与交流。最后体育领域的区域协作也应结合中国的特殊国情，成渝地区各地方政府应把握时机，努力创造各种条件促成各区域间协作，进而推进成渝地区双城经济圈建设[22]。

其次，补充有效激励，形成组合策略。激励路径的构建要求建立一套合理有效的激励办法，从而实现最大化的鼓励效果[23]。区域协作方面的激励路径构建应主要着重两方面，首先应充分调动地方政府积极性，制定相应的财政扶持政策，针对成渝地区体育领域的区域协作，也应制定具体的财政扶持政策，从而激励各地方政府参与到协作当中，共同促进成渝地区体育领域的区域间协作。其次应规范各地方政府管理，发挥好公共管理职能，讲求公平竞争和公平待遇，同等的条件下创造同等的价值应当享受同等的待遇。有效的激励建立在应用价值规律基础之上，追求效益。有效的激励也能够使各方的付出与获得相对应，从而营造一个较好的合作与竞争环境。进一步完善组织管理机制，能够更加明晰成渝地区各方在协作当中的定位，进而打造一个良好的区域协作环境。

4 结　语

在成渝经济圈建设进程中体育区域协作发展要注重整合多种路径，借助各区域已有优势、地理区位、府际协议、联席会议、适度政策干预等，促进成渝地区体育领域与新型基础设施建设相结合，将 5G 基建、人工智能、大数据中心投入体育领域，借助提出的区域协作路径、现实机制进行战略部署，促进成渝地区体育协作。

参 考 文 献

[1] 温雪梅. 制度安排与关系网络：理解区域环境府际协作治理的一个分析框架[J]. 公共管理与政策评论，2020，9（4）：40-51.

[2] 廉涛，黄海燕. 长三角体育产业高质量一体化发展研究[J]. 中国体育科技，2020，56（1）：67-74.

[3] 张颖，骆雯雯. 科技创新下长三角区域一体化协作发展研究——基于演化博弈模型的路径分析[J]. 科技管理研究，2020，40（14）：107-115.

[4] 刘昊，祝志勇. 从地区性市场走向区域性市场——基于五大城市群市场分割的测算[J]. 经济问题探索，2021（1）：124-135.

[5] DICKSON G, ZHANG J J. Sports and urban development: an introduction[J]. International journal of sports marketing and spon-sorship, 2020, 22(1): 1-9.

[6] THURMAIER K, WOOD C. Interlocal agreements as overlappingsocial networks: Picket-fence regionalism in Metropolitan Mansas City[J]. Public administration review, 2002, 62(5): 585-598.
[7] 周清明，周咏松. 成渝地区体育产业一体化开发的政府合作机制研究[J]. 成都体育学院学报，2008（11）：25-28.
[8] 刘大均，陈君子. 成渝城市群旅游流网络空间与区域差异研究[J]. 西南师范大学学报（自然科学版），2020，45（12）：112-119.
[9] 刘昊，祝志勇. 成渝地区双城经济圈劳动力市场一体化及其影响因素研究[J]. 软科学，2020，34（10）：90-96.
[10] 易淼. 新时代推动成渝地区双城经济圈建设探析：历史回顾与现实研判[J]. 西部论坛，2021，31（3）：72-81.
[11] 单学鹏，罗哲. 成渝地区双城经济圈协同治理的结构特征与演进逻辑——基于制度性集体行动的社会网络分析[J]. 重庆大学学报（社会科学版），2021，27（2）：55-66.
[12] 何一民，崔峰，何永之. 多维度视阈下成渝地区双城经济圈建设探析[J]. 四川师范大学学报（社会科学版），2021，48（3）：180-190.
[13] 罗杰勋，张晓林，田贞. 成渝地区双城经济圈体育产业一体化发展探究[J]. 体育文化导刊，2022（4）：90-95，110.
[14] 锁利铭，阚艳秋，涂易梅. 从"府际合作"走向"制度性集体行动"：协作性区域治理的研究述评[J]. 公共管理与政策评论，2018，7（3）：83-96.
[15] 马捷，锁利铭，陈斌. 从合作区到区域合作网络：结构、路径与演进——来自"9+2"合作区191项府际协议的网络分析[J]. 中国软科学，2014（12）：79-92.
[16] 葛明，聂平平. 区域性国际组织协作的集体行动逻辑分析——以上海合作组织为例[J]. 上海行政学院学报，2017，18（6）：100-109.
[17] ASTRIDM, KOENV, JANW. Why Public organizations contrib-ute to crosscutting policy programs: The role of structure, culture, and ministerial control[J]. Policy sciences, 2021, 54(1): 123-154.
[18] 余沁芸. 成都高新区携手重庆高新区共建具有全国影响力的科技创新中心[EB/OL]. （2020-04-30）[2022-05-13]. http://baike.sc.xinhuanet.com/sc/a/1449.htm, 2020-4-30.
[19] MCLAUGHLIN D M, MEWHIRTER J M, LUBELL M. Conflict contagion: How interdependence shapes patterns of conflict and cooperation in polycentric systems[J]. Journal of public admin-istration research and theory, 2022, 32(3): 543-560.
[20] 柳鸣毅，丁煌，张毅恒. 体育组织：一个新时代中国体育管理理论与实践的核心命题[J]. 成都体育学院学报，2021，47（4）：72-79.
[21] 陈婉玲，丁瑶. 区域经济一体化的源流追溯与认知纠偏[J]. 现代经济探讨，2021（6）：1-11，18.
[22] 黄海燕，曾鑫峰. 体育新空间的空间生产表征与实践路径[J]. 体育学研究，2022，36（6）：44-56，68.
[23] 乔宝云，刘乐峥，尹训东，等. 地方政府激励制度的比较分析[J]. 经济研究，2014，49（10）：102-110.

成果二：智慧体育空间助推城市建设的逻辑动因、实践探索与推进思路[①]

数字经济是推动中国式现代化建设的重要力量，其作为新型的经济形态，为实体经济增长带来新突破。《中华人民共和国国民经济和社会发展第十四个五年规划和2035年远景目标纲要》针对数字化发展、数字中国建设提出具体规划，其中便包括将数据与场景结合，推动数字技术与实体经济相融合[1]。随着群众多样化的体育健身消费需求的日益增长，与其相适应的智慧化体育空间快速发展，各项新兴技术为打造各种人工智能运动场景和服务平台赋能。《"十四五"体育发展规划》提出，要充分发挥科技、资本、人才、数据等核心要素在体育产业创新发展中的作用；支持大数据、区块链、物联网、云计算、人工智能等新技术在体育领域的创新运用，打造智能健身场景，加快相关产品开发[2]。在政策指引、社会需求的大背景下，大数据和智能化不断升级推动了体育制造业向服务业的延伸，并成为激活体育消费、体育产业的重要空间动力，越来越多的城市开始探索"智慧化"新空间。目前，我国智慧体育尚处于发展初期，已有学者围绕智慧体育基本特征、伦理审视、研究历程，以及智慧体育教学、智慧体育场馆、智慧体育社区等方面进行研究，但对智慧体育空间的探索仍存在一定空白[3]。作为新时代数字技术发展、体育需求扩大、体育消费升级背景下产生的新兴空间载体，智慧体育空间通过优化城市空间布局和空间使用效率，对城市建设产生深远影响。因此，本研究基于智慧体育空间的空间运作逻辑，深入剖析空间助推城市建设的逻辑动因，并根据现有实践经验，提出相应的推进思路，以期为我国智慧体育空间发展厘清逻辑、总结经验、提供对策，进而推动体育产业高质量发展、体育消费转型升级及智慧城市建设。

---

① 黎小钰，郭新艳. 智慧体育空间助推城市建设的逻辑动因、实践探索与推进思路[J]. 体育文化导刊，2023（4）：25-33.

1 智慧体育空间内涵演进与空间运作逻辑

1.1 内涵演进

在体育形式越发丰富的情况下，体育空间的内涵在不断丰富与拓展。第一，中华人民共和国成立之初，竞技体育催生出大批体育场馆，这一阶段体育空间主要表现为体育场地，如比赛和练习场所、观众聚集的看台和参加比赛或练习后的休息场所、社区体育场地设施及形成的特定社会环境等[4-6]。第二，进入21世纪后，"体育空间"的内涵不断丰富，一方面，体育空间作为一种载体，如一类场所或一个系统[7]45[8]，不再局限于场馆设施、室外体育场地、室外场域、居家领地等传统运动场所，而是表现出新型体育空间形态，如体育场馆3.0、智能体育场馆、城市体育服务综合体等。另一方面，体育空间作为一种互动关系，不仅只是物质空间的范畴，还包括无形的空间形态，如体育活动相关要素的分布与互动关系等[9-10]。第三，随着数字时代的到来、智慧城市建设的日益深入，智慧体育空间成为新时代体育空间的主要形态，其以"线上+线下"作为主要运行模式，在传统体育空间基础上注入了5G、大数据、互联网等数字技术，搭建出一种智能化体育空间或一种虚拟体育空间。第四，党的二十大提出促进群众体育和竞技体育全面发展，加快建设体育强国。数字体育、体育新空间成为满足新时代群众体育需求、解决新时代群众体育供需不平衡等问题的重要突破口，如以打造家门口运动空间、社区体育生活圈和城市体育公园等推动群众体育事业发展[11-12]。《中华人民共和国体育法》提出，优化体育场地设施供给，因地制宜发展特色体育公园、盘活闲置空间资源等，这为体育空间智慧化升级改造带来生机[13]。在此背景下，"智慧+体育+空间"深度融合催生出的智慧体育场馆、智慧体育公园、智慧体育社区等场景进一步丰富了智慧体育空间的内涵。

1.2 空间运作逻辑

空间生产理论是亨利·列斐伏尔（Henri Lefebvre）有关"空间""日常生活"

"都市"等思考的重要体现，其将空间与社会生产联系在一起，因而多有学者将该理论用于分析空间中的社会生产问题等[14-17]。根据列斐伏尔的空间生产理论，空间的生产可分为空间实践、空间表象和表征性空间三个辩证联系着的维度。空间实践是空间被感知的层面，具体表现为体育空间或场景在不同参与主体的活动或互动关系中不断地被重塑、取代和完善的动态过程。空间表象类似于在实践的基础上赋予空间某种语言符号，具体表现为在体育空间不断演化过程中，对体育空间的规定、蓝图、描述等概念化过程，如"智慧体育场馆""智慧体育公园""智慧体育社区"等概念。而表征性空间则是一种象征性的空间，表现为人们对体育空间进行的描述，也可以称为空间感受[7]47。在空间生产理论框架中，空间实践往往处于重要支配地位，而空间表象则介于知识与权力的双重束缚下，表征性空间往往多处于被支配的地位[18]76。在智慧体育空间的空间运作逻辑中，空间表象以政府的各种规划、蓝图为主导，并直接影响空间的实践，如政府、企业和社会组织的行动方向；表征性空间则往往以空间实践的形式，以自下而上的形式反作用于空间表征（见图1）。在这样彼此交互联系的过程中，体育空间以其特殊的方式助推城市空间的创新与发展。

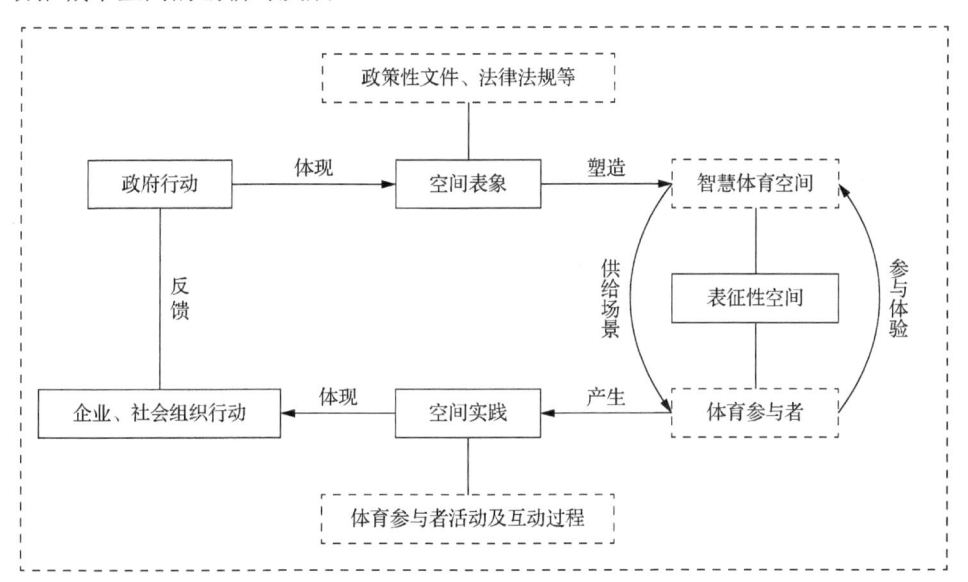

图1 智慧体育空间的运作

1.2.1 空间实践：政府行动与企业、社会组织行动

一个社会的空间实践是通过对其空间进行破解展现出来的[18]58。为解决成本高、利用率低、效益提升困难、社会开放程度不够、民众参与度不高等传统体育空间存在的问题，政府行动始终以自上而下的行动，从供给方面为体育参与者提供指导性政策、体育用地、资金投入等。企业、社会组织作为参与主体，以投入技术、服务等方式参与实践，以自下而上的方式为政府反馈实践问题，并为政府决策提供现实依据，从而破解传统体育空间的困局，智慧体育空间便由此产生。

1.2.2 空间表象：智慧体育空间的相关规划

列斐伏尔认为空间的表象提供了一种组织化的格式或者交流的参考框架[18]63。智慧体育空间的表象体现在两方面：一方面为政府对新空间形态所做的进一步规划和描述，如提出推进体育产业数字化转型，提供全民健身智慧化服务[11]；顺应智慧城市建设，打造智慧体育场馆，建设智慧健身路径、智慧健身步道、智慧体育公园、智慧健身中心等健身场地设施[2]。另一方面为社会资本的介入和公众需求的表达。随着人们体育需求的日趋多元化，这一类的空间表象开始突显，常体现为通过数字技术将体育运动与"空间""场景"相关联，从而丰富智慧体育空间的内涵。

1.2.3 表征性空间：智慧体育空间的空间感受

表征性空间与形象、符号、日常生活空间相联系，是在空间的实践和表象的基础上体现出的物质性秩序本身[18]59。如政府按照其规划与描述推动智慧体育空间的多形态、多场景发展时，企业、社会组织、群众等主体参与空间建设与生产活动时的空间感受等[19-20]。通常来说，政府规划在智慧体育空间的建设中处于强势地位，使得社会公众在空间生产中处于弱势地位，往往只能通过被动接受方式参与。

2 智慧体育空间助推城市建设逻辑动因

2.1 空间实践推进城市更新长效机制建立

智慧体育的空间实践及参与主体的空间感受不但推动了城市体制机制创新，还为城市更新长效机制的建立增添了动力。如河北宏康体育器材有限公司利用大数据技术，打造智慧体育空间+全链路体育生态系统闭环，实现场馆智慧化运营；宁波市北仑青年体育公园依托数字体育创新技术模式升级智慧体育管理服务，实现了票务无纸化、无人化管理。内在逻辑方面，有效的城市制度体系建设更新离不开不同维度下行动规则的相互支撑和配合，市场主体在空间用途、容量等方面的探索以及群众在体育参与形式、消费模式方面的更新，成为城市制度创新的突破点[21]。外在动因方面，空间实践与表征性空间活动需要通过制度建设保障各参与方的利益协调，进而加强政府治理效能。随着城市智慧体育空间生产与更新的进一步深入，产权人、公众、社会组织、规划设计者、开发公司、非营利机构等各方参与者积极介入，城市在维护这些不同主体的参与权利的过程中，逐渐由单一的"城市建设实施者"转型为"城市建设服务者"，并通过制度机制设计来推动城市更新长效机制的建立。如浙江省体育局联合企业、专业机构共同制定智慧体育场馆建设和管理规范；重庆市江北区体育局推出智慧健身长廊项目、体育场馆及公园智慧化改造、社区智能健身点覆盖等举措，推动智慧体育健身开展。

2.2 消费升级转型撬动城市经济高质量发展

智慧体育空间为城市新产业、新业态、新商业模式带来发展机遇，促进传统体育产业变革，推动虚拟空间和现实空间一体化的体育产品、服务供给。内在逻辑方面，数字技术使空间实践的智慧化运营、空间消费场景化、消费模式升级改造等成为可能，如智慧体育空间的一站式、多元化服务模式、"线上+线下"消费相结合模式为群众体育消费提供极大便利；数字技术加持使智慧体育空间相关体育用品、服务产品的交易形成虚拟经济系统，使人们可以在各种沉浸式交互的消费场景中获得多样化体育产品与服务，随时随地进行体育服务内容生产，创造经济价值。外在动因方面，空间实践加速相关业态联动，如智能体育用品支持，包括可穿戴设备、智能健身器材等，与运动休闲、旅游、康养、教育培训等产业融合发展，为相关支持性产业和关联产业提供了新的市场发展空间，带动了体育产业的转型升级和产业链融合发展，如 2021 年，智能健身领域总融资金额达 3.3 亿元。智慧体育空间还将与旅游、运动康复等联动打造虚拟场景，提供多重极致的沉浸式体验和便捷高效的运动康复服务，创造出许多体育消费新空间。

2.3 数字技术赋能焕发城市文化新活力

城市空间不仅是城市各种物质建筑形态的空间组合格局，更是人类经济、社会、文化、自然因素相互作用的综合反映[22]。内在逻辑方面，以数字技术或数字平台打造体育公园、体育场馆等特色品牌是空间实践的形式之一，这不仅是对城市特色文化空间的展示，也是一种空间象征性符号，即城市体育空间的重要"名片"。如南京市溧水区智慧体育公园通过高科技元素赋能，成功转型成为一座全民主动健康智慧运动共享文化空间；浙江黄龙体育中心将数字技术运用于场馆设施建设和景观设计，为人们提供场景化自助、共享服务。外在动因方面，则表现为一系列有关空间概念化想象，如将智慧体育空间打造成建筑群式城市文化消费综合体，不仅展现出所在城市的体育文化氛围，为城市文化建设增添活力，还能为消除城乡文化隔阂增添动力。如南京市打造多个依托体育场馆、商业空间、户外运动休闲空间为载体的体育服务综合体；苏州湾体育中心不仅提供多项体育活动使用场地，还在周边配有独立商业综合体和假日酒店，这些不仅充分激发了城市文化活力，还以体育为载体增进居民互动，进而消除城乡文化隔阂。

2.4 "体育+社群"提升城市基层社会治理水平

社区是城市生活的基本单元，在推进社区治理能力现代化、建设"体育强国"、促进全民健身更高水平发展背景下，打造智慧体育社区成为城市社会建设中一项具有重要意义的战略决策。内在逻辑方面，智慧体育社区建设不仅为破除运动场地供给不足、体育指导不充分问题提供可能，还拉近了邻里间距离。数字技术重塑智慧体育空间的生产方式，"互联网+体育+社区"的网络化社区服务体系使社区居民的邻里互动发生改变，社区居民纷纷成为有"黏性"的共同体。如重庆市"智动南岸"智慧体育社区以智慧运动空间建设为基底，打造智慧健身综合管理服务体系，为社区居民提供多样化、数字化、智慧化服务。居民运动健身不仅有了去处，还有了"专属私教"。可见，以智慧体育社区为载体的空间生产为城市基层治理提供了新路径。外在动因方面，数字技术更新了传统运动空间范式，使以智慧体育空间为基础的智慧体育社区生态体系出现。通过"互联网+体育+场景+社群"模式，引入社会力量、市场主体参与社区治理，创新了社区治理载体及空间表象形式。如贵阳市社区智慧体育健身驿站将人、网络、设备、服务串联成一体，形成了智慧体育社区生态体系，为社区居民提供便捷化、智慧化的健身与健康服务。

2.5 体育"新场景"重构绿色城市"新生态"

城市生态文明建设是实现区域协调、绿色发展的重大战略决策。内在逻辑方面，以优化体育空间、利用城市"金角银边"等方式推动城市生态空间效能最大化是空间实践的主要模式，如通过数字技术打造融合多种元素的运动空间，可以在一处空间内满足人们的多元健身需求，减少专门化运动场馆的建设；利用数字技术改造老旧空间，将一些社区闲置空地改建为智慧体育社区、老旧体育场馆改造为智慧体育场馆、传统公园改建为智慧体育公园，实现小空间创造大能量，可以充分盘活城市里的闲置土地资源。这不仅充分践行了城市绿色发展理念，还提升了市民幸福感、认同感。外在动因方面，资本介入为智慧体育空间生产提供重要支撑，在此基础上，依托人工智能、数字技术，创新升级空间运营系统和管理系统，提高资源利用率，从而推进绿色城市建设，打造城市生态发展新样本。如采用智能系统实现全场景打通，使空间内智能硬件与业务100%融合，从而通过无人化或少人化运营、线上平台实时监控来节约人力管理成本和场馆能耗成本。

3 智慧体育空间助推城市建设实践探索：以成都市为例

近几年，成都市以科技赋能智慧体育发展模式走在全国前列，积极打造智慧绿道+智慧公园相结合的"互联网+健身""科技+健身"的全民模式，为探索城市可持续发展提供了新样板。根据"成都体育消费新场景100+"榜单，城市公园、工厂文创、户外营地、全民健身、训练基地等8大类型成都体育消费类场景跃然而现。以第31届大运会为契机，成都市智慧体育发展正努力从"空间建造"向"场景营造"转变，大力推动城市体育场馆建设，发展社区运动角、体育公园、健身绿道等项目，如凤凰山体育公园、玩湃全科体育公园、安公社区运动角、府青运动空间等。因此，本研究选取成都市多个典型项目作为分析案例，以反映智慧体育空间助推城市建设的实践路径。

3.1 "以人为本、与城共生"推动城市制度创新

"十四五"以来，以改造老旧体育场馆、优化社区级公共设施、打造健身绿道和公园绿地为主的运动空间供给已成为城市再生的催化剂。《成都市家门口运动空间设置导则》旨在进一步扩大家门口运动空间供给体系，满足市民需求[23]。根据成都市体育局2021年的工作总结，目前成都市建成"社区运动角"70处、天府绿道健身新空间203处、各类体育场地5.5万余个。成都市体育局计划依托大型场馆资源培育体育综合体、优化体育公园空间布局、细化"社区运动角"等空间，进一步丰富运动载体空间的形态[24]。在《关于以场景营城助推美丽宜居公园城市建设的实施意见》的大背景下，企业、社会组织纷纷积极探索，打造更具包容性、更加多元化的智慧体育空间，如江安拾光公园集邻里交流、休闲运动于一体的"水生态+新夜景+公园城市"新消费融合示范场景[25]；以"核心运动教学+赛事场景"和以"足球+咖啡+社区图书馆+作业角+文创商店"为主的社区体育文化生活服务场景——"WePark玩湃社区智慧足球公园"；安公社区以智慧化设施加持的社区居民运动空间、国际化运动休闲区域。这些充分反映出政府自上而下引导企业和社会组织积极投身城市空间建设。体育公园、社区运动角自投入运营以来，

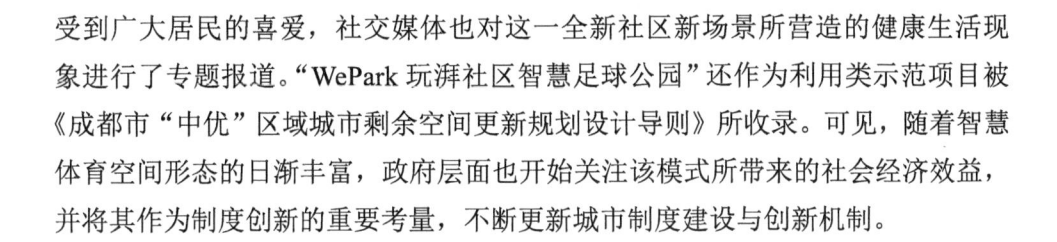

受到广大居民的喜爱，社交媒体也对这一全新社区新场景所营造的健康生活现象进行了专题报道。"WePark 玩湃社区智慧足球公园"还作为利用类示范项目被《成都市"中优"区域城市剩余空间更新规划设计导则》所收录。可见，随着智慧体育空间形态的日渐丰富，政府层面也开始关注该模式所带来的社会经济效益，并将其作为制度创新的重要考量，不断更新城市制度建设与创新机制。

3.2 体育消费新空间推动城市经济发展

智慧体育空间的出现开拓了新的消费空间和消费模式。根据《2021年成都市居民体育消费调查报告》显示，成都市居民用于健身休闲、体育培训等方面消费较上一年有所提高，其中健身休闲消费仅次于体育用品消费，占体育消费总支出的 26.6%；体育教育培训消费位列第四，占比 12.4%[26]。作为健身休闲、体育培训的重要消费新场景，智慧体育空间进一步促进消费回补与潜力释放，带动城市消费。如凤凰山体育公园通过打造商业综合体、住宅区及足球场，为居民体育消费提供更多元场景；通过发放市民免费运动优惠券激活消费动力；通过与成都和众、未来星、蔚蓝体育、动络体育等资深专业培训机构合作，提供专业化体育培训课程来丰富体育消费模式。"WePark 玩湃社区智慧足球公园"则采用免费与收费相结合模式，不仅提供公益时段的免费场地，还提供一些低收费课程，如四点半社区体育课、跳绳课程等，目前玩湃公园已接待周边居民约 4 万余人次参与健康运动体验。大部分居民面对"健身去哪儿"的问题，普遍愿意接受较低价格的体育消费，因此玩湃全科体育公园针对不同年龄段人群推出个性化课程和运动产品。据调研，玩湃全科体育公园自开园半年以来，已接待入园人数 13473 人次，累计组织活动 52 场。可见，门票和课程在一定程度上拉动了体育消费，且通过兴趣爱好的培养，还可以带动人们对体育项目的热爱，进而拉动体育竞赛、体育健身、体育用品等产业发展。安公社区运动角则是通过带动居民健身来促进全民健身观念形成，丰富的活动让居民养成体育锻炼习惯，进而带动居民体育消费。目前来看，智慧体育空间对拉动体育消费具有正向作用，对城市经济建设具有较积极的作用，但其建设投入与运营收入是否成正比，及其所带来的经济效益，仍待进一步评估。

3.3 "体育+空间+文化"重塑城市文化氛围

成都市凤凰山体育公园致力于打造以体育产业为主题的中高端城市综合体，社会各界都积极报道与展示这座"网红体育公园"，场馆运营团队甚至推出每周一"摄影开放日"，供人们拍照打卡，来分享人与运动的美学故事。成都市青羊区少城街道在改造以前，还只是鲜有人驻足的绿化带，自"WePark 玩湃社区智慧足球公园"落地后，便成为"爆款打卡地"。为更好提升用户体验，"WePark 玩湃社区智慧足球公园"以文化为切入点，通过"1+3"模式，即一套基础设施（智慧足球新场景）、三大运营服务体系（社区体教融合服务、社区体育嘉年华活动和社区文创体育服务），为用户提供全民、全时、全域、全效的运动新生活。其中，"四点半体育课"作为社区体教融合服务，可以让用户体会到玩耍和游戏的乐趣，还能建立身心共同成长的积极人生价值观。"社区世界杯"运用数字技术打破时间和空间壁垒，使市民可以在家门口与世界各地伙伴实时在线竞技，体会足球运动的魅力。成都市安公社区组建的健康跑团、全民健身活动为周边社区居民带去"友善、通达、国际化"的体育文化及全新的健康生活方式，帮助人们将运动习惯培养成健康生活方式。综合来看，智慧体育空间对城市文化建设的积极作用主要表现为两方面：一是智慧体育空间创新了居民的互动联系方式，加强城市居民与城市之间的共鸣，从而塑造出一种独有的市民文化。二是智慧体育空间作为城市对外展示的一张"名片"，不断塑造并改善城市的外在形象，强化了城市文化影响力。

3.4 社区体育新样板加强城市社区治理

智慧体育空间为市民就近健身、构建"15分钟健身圈"提供了保障，并打造出社区体育新样板。成都市凤凰山体育公园不仅是一座大型体育赛事场馆，也是社区居民活动的重要场所，一些企业、社区、市民组织常常在凤凰山体育公园的全民健身中心进行包场运动。凤凰山体育公园场馆外还建造了一座配套商业广场，将市民日常休闲娱乐都涵盖在内。"WePark 玩湃社区智慧足球公园"自投入运营 2 年以来，共计服务 15 分钟步行范围内社区居民 11 万人次，组织活动多达 300 余场，其中举办智慧足球赛事 160 场，现已成为社区居民喜闻乐见的智慧足

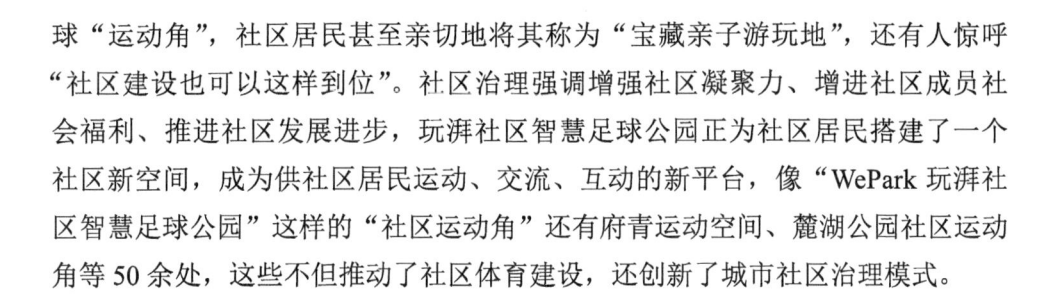

球"运动角",社区居民甚至亲切地将其称为"宝藏亲子游玩地",还有人惊呼"社区建设也可以这样到位"。社区治理强调增强社区凝聚力、增进社区成员社会福利、推进社区发展进步,玩湃社区智慧足球公园正为社区居民搭建了一个社区新空间,成为供社区居民运动、交流、互动的新平台,像"WePark 玩湃社区智慧足球公园"这样的"社区运动角"还有府青运动空间、麓湖公园社区运动角等 50 余处,这些不但推动了社区体育建设,还创新了城市社区治理模式。

3.5 绿地体育空间践行城市生态文明理念

成都市鼓励充分利用城市的"金角银边"空间,来挖掘空间体育潜力,实现绿色用地目标。成都市香山社区居民将废旧停车棚改造为居民共享青年健身中心;成华区府青运动空间将桥下占地 1.8 万平方米的空间转化为"绿色运动场",并植入智能互动设施,打造出高颜值、高品质体育新场景;"WePark 玩湃社区智慧足球公园"因合理利用沿岸空间而成为城市剩余空间(街旁空间·建筑退界空间)利用类示范项目。"WePark 玩湃社区智慧足球公园"核心占地面积仅 350 平方米,充分利用了沿岸空置绿地,让公园形态与城市空间深度融合、生态空间与生产生活空间衔接成为现实。除利用城市闲置空地外,智慧体育空间还通过节约能源来助力城市生态文明建设,凤凰山体育公园场馆采用 LED 灯具,通过智能控制系统切换日常和赛演模式,其中日常模式为降低能耗的节能模式;场馆配有楼宇自控系统,可以实现不同场景设施设备的优化运行;制冷主机采用高效离心机,可根据情况自动优化运行策略,达到节能高效的目的。可见,以推进生态文明建设、打造生态宜居美丽城市为初衷所打造的全新运动场景,不仅为城市更新、激发城市活力提供了可复制、可推广的工作经验,还进一步推动了城市生态文明建设和可持续发展。

4 智慧体育空间助推城市建设推进思路

基于智慧体育空间的空间运作逻辑,可以发现空间的生产要素之间相辅相成,政府层面出台相关政策法规引导企业、社会组织行动,反之,企业与社会组织的空间实践又不断加强相关顶层设计，这一过程不仅丰富了空间的内涵与外延，还为城市建设增添动力。根据成都市的实践探索，本研究分别从政策层面、企业层面、社会组织层面及多方合作层面提出现实推进思路（见图 2）。

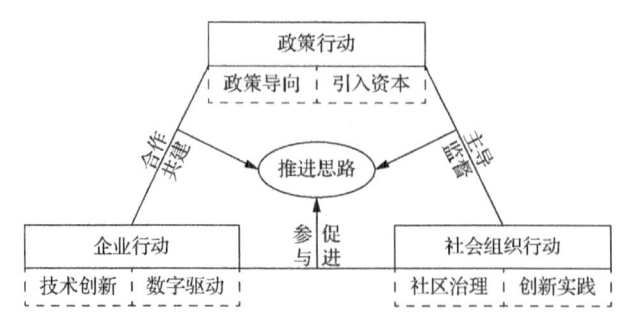

图 2　智慧体育空间助推城市建设的推进思路

4.1　完善政策指引，引入资本力量

首先，政府作为主导力量，应进一步加强顶层设计。目前，政府层面仅提出要打造一批智慧体育场馆、智慧健身路径、智慧健身步道、智慧体育公园、智慧健身中心等智慧化健身场地设施。智慧体育空间的概念与内涵，不同形态的智慧体育空间的价值导向、评估标准、监管机制等尚无明确界定。其次，智慧体育空间涉及空间规划与利用，政府需进一步将智慧体育空间建设纳入城市建设与规划中，依据《中共中央国务院关于建立国土空间规划体系并监督实施的若干意见》确定相关主管部门，并根据不同地区实际情况进行规划编制，而不是仅仅将智慧体育空间作为一个噱头或是智慧城市建设的"装饰品"。再次，政府需要加大智慧体育空间的监管力度，智慧体育空间往往产生大量的体育数据，对于此类数据的数据权益、数据监管以及数据安全等问题需加以关注，制定相应规章制度明确数据的权属和数据权益保护问题，并对运营系统、数据平台、日常监管等予以高度重视。最后，政府应鼓励市场资本介入，激活智慧体育空间动力，助力城市经济发展，可采用 PPP 模式引入社会资本，这里需要注意，PPP 模式包括 O&M、MC、BOT、BOO、TOT、ROT 等。政府在引入资本介入时，还需根据当地不同情况确定最为合适的政企合作模式。

4.2 加强技术创新，数据驱动发展

首先，企业需要不断强化要素创新驱动，加强自身技术水平、数据分析能力、产品研发水平等。智慧体育空间的重要载体是数字技术和数字经济，提高企业科技水平、培育企业核心竞争力、创新企业发展新引擎、推动企业数字化转型是企业发展的重中之重，也是城市经济发展的重要前提条件。其次，现阶段我国智慧体育空间建设主体多以小微企业为主，对无数字技术加持的小微企业，需加大其与技术公司的合作力度，推动数据要素的流动，打造更丰富、多元、高效的智慧体育空间或智慧体育空间综合服务系统。最后，企业应充分发挥大数据、区块链、人工智能等新技术的价值，打造更贴近群众生活、满足群众多元化需求的智慧运动场景，提供更丰富的沉浸式运动项目体验，引导群众从"被动式"参与到"主动式"参与，进而驱动企业发展。

4.3 强化社区治理，创新实践活动

首先，加强社区治理新板式，推动数字技术赋能居民"家门口运动空间"，打造智慧化社区运动角，为居民提供低收费、全时段的运动空间，不仅能够推动全民健身与全民健康，还能够提升社区凝聚力、丰富社区文化生活，进而加强城市文化氛围塑造，提高社区治理水平。其次，社会组织应搭建贴近群众的智慧体育空间信息服务平台，通过构建个人"运动成就"系统、群众需求和意见的征集系统、运动场地设施预约系统、运动健康指导系统等，进一步提升智慧体育空间生产效率。最后，社会组织应以智慧体育空间为载体，积极开展"线上+线下"结合的群众性体育赛事活动，并将社区养老服务、青少年培训等融入社区智慧体育空间建设，将智慧体育空间打造成智慧体育综合服务体，从而推动城市社会发展。

4.4 激活闲置空间，践行绿色发展理念

智慧体育空间助推城市生态文明建设需要多方努力，首先，政府方面需要合理配置空间规划。空间规划涉及用地问题，需政府牵头并制定详细标准、规定以指导社会力量开展工作，如鼓励空间二次利用标准、明确建设用地使用权、制定

用地专项规划等，旨在尽最大可能开发有限土地的使用潜力。除将智慧体育空间纳入城市空间规划外，还需积极推动多主体共同参与空间治理的资源配置和监管过程。其次，企业在打造智慧体育空间时应坚持生态优先、绿色发展理念，空间规划应以实用性、科学性为主，运作系统应以节约能耗为主，运营管理应以节约人力成本为主。最后，社会组织不仅需要积极践行生态文明理念，还需要引导群众主动参与体育运动，以强健体魄助力城市生态文明建设。

参 考 文 献

[1] 新华社．中华人民共和国国民经济和社会发展第十四个五年规划和2035年远景目标纲要[EB/OL]．（2021-03-12）[2022-11-17]．http://www.gov.cn/xinwen/2021/03/13/content_5592681.htm.

[2] 国家体育总局．体育总局关于印发《"十四五"体育发展规划》的通知[EB/OL]．（2021-10-08）[2022-05-18]．http://www.gov.cn/zhengce/zhengceku/2021/10/26/content_5644891.htm.

[3] 李在军，李正鑫．智慧体育：特征、发展困境与推进路径[J]．沈阳体育学院学报，2022，41（4）：64-70.

[4] 徐可定．体育空间在人的社会化中的作用[J]．体育与科学，1995（2）：47-26.

[5] 卢元镇．为社区拓展"体育空间"[J]．环球体育市场，2010（2）：16-17.

[6] 丁云霞．体育空间的概念提出、实践进展与发展展望[J]．成都体育学院学报，2022，48（5）：34-39.

[7] 黄海燕，曾鑫峰．体育新空间的空间生产表征与实践路径[J]．体育学研究，2022，36（6）：44-56，68.

[8] 蔡玉军，邵斌，魏磊，等．城市公共体育空间结构现状模式研究——以上海市中心城区为例[J]．体育科学，2012，32（7）：9-17.

[9] 杨剑，郭正茂，季浏．中国城市体育空间研究述评与展望[J]．天津体育学院学报，2016，31（6）：461-467.

[10] 赵均，许婕．城市体育空间：城市体育研究的新视角[J]．南京体育学院学报，2022，21（1）：26-32.

[11] 国务院．国务院关于印发全民健身计划（2021—2025年）的通知[EB/OL]．（2021-08-03）[2022-05-18]．http:// www.gov.cn/zhengce/content/2021-08/03/content_5629218.htm.

[12] 上海市人民政府办公厅．上海市人民政府办公厅关于印发《上海市体育发展"十四五"规划》的通知[EB/OL]．（2021-08-13）[2022-05-18]．https://www.sport.org.cn/search/system/dfxfg/shs/2021/0930/404575.html.

[13] 国家体育总局．中华人民共和国体育法[EB/OL]．（2022-06-25）[2022-10-28]．https://www.sport.gov.cn/n10503/ c24405484/content.html.

[14] 朱晓翔，乔家君．乡村旅游社区可持续发展研究——基于空间生产理论三元辩证法视角的分析[J]．经济地理，2020，40（8）：153-164．

[15] 胡静，谢鸿璟．旅游驱动下乡村文化空间演变研究——基于空间生产理论[J]．湖北民族大学学报（哲学社会科学版），2022，40（2）：99-109．

[16] 何鹤鸣．增长的局限与城市化转型——空间生产视角下社会转型、资本与城市化的交织逻辑[J]．城市规划，2012，36（11）：91-96．

[17] 冀福俊，宋立．资本的空间生产与中国城镇化的内在逻辑——基于新马克思主义空间生产理论的视角[J]．上海经济研究，2017（10）：3-12．

[18] 亨利·列斐伏尔．空间的生产[M]．刘怀玉，等译．北京：商务印书馆，2022．

[19] 国家体育总局．体育总局办公厅关于印发《2021年群众体育工作要点》的通知[EB/OL]．（2021-03-09）[2022-05-18]．https://www.sport.gov.cn/gdnps/content.jsp?id=980369．

[20] 国家发展改革委．关于推进体育公园建设的指导意见[EB/OL]．（2021-10-23）[2022-05-18]．https://www.ndrc.gov.cn/xxgk/zcfb/tz/202110/t20211029_1301582.html?state=123&code=&state=123．

[21] 唐燕．我国城市更新制度建设的关键维度与策略解析[J]．国际城市规划，2022，37（1）：1-8．

[22] 何海兵．西方城市空间结构的主要理论及其演进趋势[J]．上海行政学院学报，2005（5）：96-104．

[23] 成都市体育局．《成都市家门口运动空间设置导则》解读[EB/OL]．（2021-08-05）[2022-08-23]．http://gk.chengdu.gov.cn/govInfo/detail.action?id=3061519&tn=2．

[24] 成都市体育局．成都市体育局2021年工作总结和2022年工作打算[EB/OL]．（2022-01-12）[2022-10-28]．http://cdsport.chengdu.gov.cn/cdstyj/c149412/2022-01/16/content_7fdf85fbbcf542d0986e1c6a09730565.shtml．

[25] 新浪网．打造"水生态+新夜景+公园城市"场景成都水生态价值换新赋能[EB/OL]．（2022-10-01）[2022-10-28]．http://k.sina.com.cn/article_1784473157_6a5ce64502002mapz.html．

[26] 成都市体育局．2021年成都市居民体育消费调查主要数据[EB/OL]．（2022-02-28）[2022-10-28]．http://cdsport.chengdu.gov.cn/cdstyj/c149438/2022/02/28/content_9b735f35d4324f78838825f3a4b2d945.shtml．

后　记

　　本研究是在作者承担的四川省哲学社会科学"十四五"规划重点研究基地重大项目"成渝地区双城经济圈体育产业空间特征及协调发展对策研究"系列成果基础上，经提炼、修改、完善后付梓成册的。项目研究之初，作者得到了成都体育学院程林林教授、陈晔教授、杨洋教授的大力支持，他们为项目研究框架的形成提出了许多宝贵的建议。成都体育学院刘英教授、袁梦莎副教授参与了项目的部分工作，并为本研究部分内容的形成付出了努力，研究生黎小钰、胡静雯、王诗晴、郭梦琪、马迎欣、田婧轩、周胤天等也参与了本研究第 2 章、第 7 章、第 8 章的部分数据搜集与研究分析工作。项目成果初成，承蒙各位专家、学者不辞辛劳地认真审阅本研究，并提出了有价值的修改意见。本研究初稿作为项目成果交付评议，匿名评审专家们对本研究的内容提出了很多有助改进的建议，这些建议对于项目的如期完成及本研究后期的完善具有重要的参考意义。借此机会，表示感谢。

　　在写作本研究的过程中，作者学习、借鉴了大量本研究领域相关的数据资料、文献及研究成果，感谢做相关研究的学者，你们的研究成果给予本研究以厚实的基础与启示。同时，在此感谢四川省体育局、成都市体育局、重庆市沙坪坝区体育局，以及各被访单位和个人对本研究提供的大力支持，感谢四川省社会科学联合会对本研究的资助。

　　尽管本着严谨、认真的学术态度，但鉴于研究时间、实践条件及切实可操作的研究方法等因素，本研究仍然存在不尽完善的方面，未来作者将围绕该领域展开进一步的探索与研究。

郭新艳
2023 年 12 月于成都